了解一方文明从一座博物馆开始

文物没有呼吸

却有不朽的灵魂和生命

穿越千年与我们相逢

一本博物馆

全国博物馆文物通识读本

陕西
历史博物馆

陕西历史博物馆 ———— 编著

Shaanxi
History Museum

中国广播影视出版社

图书在版编目（CIP）数据

陕西历史博物馆 / 陕西历史博物馆编著. -- 北京 : 中国广播影视出版社, 2022.9 (2024.3重印)
（一本博物馆）
ISBN 978-7-5043-8897-1

I. ①陕… II. ①陕… III. ①历史博物馆一介绍一陕西 IV. ①G269.274.1

中国版本图书馆CIP数据核字(2022)第140201号

陕西历史博物馆
陕西历史博物馆 编著

策　　划	颉腾文化
责任编辑	王　萱 彭　蕙
责任校对	张　哲
出版发行	中国广播影视出版社
电　　话	010-86093580　010-86093583
社　　址	北京市西城区真武庙二条 9 号
邮　　编	100045
网　　址	www.crtp.com.cn
电子信箱	crtp8@sina.com
经　　销	全国各地新华书店
印　　刷	三河市中晟雅豪印务有限公司
开　　本	640 毫米 ×910 毫米　1/16
字　　数	350 千字
印　　张	19.5
版　　次	2022 年 9 月第 1 版　2024 年 3 月第 4 次印刷
书　　号	ISBN 978-7-5043-8897-1
定　　价	99.00 元

《陕西历史博物馆》顾问及编写委员会

总 顾 问：侯宁彬

主　　编：庞雅妮　　曹增艳

副 主 编：步　雁　　温　浩

编委成员：李天果　　翁玲玲　　吴锦程　　黄　娇

　　　　　李　鑫　　田　璐　　白　悦　　严惠椿

撰　　稿：曹增艳　　温　浩

选题策划：北京增艳锦添企业形象策划有限公司

　　　　　潍坊忆华年文化传播有限公司

平面设计：赵海燕

插图设计：增艳锦添

装帧设计：颉腾文化

书　　法：闫振堂

图片来源：陕西历史博物馆图录《神韵与辉煌》

序

作为全国最有影响力的国家级博物馆之一，陕西历史博物馆愈来愈成为文博爱好者必来打卡的网红之地。

1983 年开始筹建，1991 年 6 月 20 日建成开放的陕西历史博物馆，是我国改革开放后建成的第一座大型的现代化国家级博物馆。其雄伟庄重的唐风建筑、丰富精美的藏品和博大雄浑的历史陈列，代表了 20 世纪 90 年代中国博物馆事业发展的最高水平，在中国博物馆事业发展进程中具有重要的里程碑意义。

馆藏的 170 余万件文物，不仅全面、系统地反映了陕西历史文化的概貌，而且还以其无与伦比的丰富性、完整性和典型性，充分体现了中国古代文明的博大精深。荟萃了 3000 余件（组）馆藏精品的基本陈列——“陕西古代文明”展览，完整勾勒了陕西乃至中国古代文明孕育、发展、鼎盛的过程，凸显了周、秦、汉、唐几个盛世王朝的文明成就，是公众了解陕西历史文化以及中华优秀传统文化的最好载体，长期受到社会各界的热捧；专题陈列——“大唐遗宝：何家村窖藏文物”展览和“唐代壁画”展览，集中体现了陕西历史博物馆的藏品特色，突出反映了中国古代社会最为辉煌的大唐王朝的盛世繁华和恢宏气象，从而也被公众口口相传，争相拜谒参访。

然而，对于走进博物馆大门的普通游客来说，要将这三大常设展览从头至尾看一遍，不仅是一件极费体力的事情，也是一件极费脑力的事情。哪些是不容错过的重点展品？哪些展品背后有故事、比较好玩？那些稀奇古怪的展品名称怎么念？诸如此类问题，《陕西历史博物馆》都会清晰、简捷地告诉您。本书以藏品的展览位置为顺序，以精品文物来定位，以轻松的解读进行导览，图文并茂地予以呈现，它不仅可以做您博物馆之旅的无声向导，还能成为您未来悠悠岁月里的文化陪伴。

中华优秀传统文化需要一代一代传承。让更多人了解中华古代文明，这是文博工作者义不容辞的责任，也是我们此次与北京增艳锦添公司联合呈现《陕西历史博物馆》的初衷。

愿您拿着《陕西历史博物馆》，走进陕西历史博物馆，爱上中华灿烂五千年。

陕西历史博物馆副馆长 庞雅妮

2022 年 3 月 18 日

前言

为什么出版“一本博物馆”系列图书？我们曾经反复追问自己，试图把这个问题表述清楚。

你是否有过这样的经历？每到一个地方，因为慕名而来，也因为带着好奇和对文化的膜拜，一定要参观一次当地的博物馆。于是，在导游的带领下，花了一两个小时的时间，走马观花，耳朵里挤满了过耳就忘的陌生知识，再过一段时间，对看过的文物也印象模糊。每当与别人聊起一个话题，也只能说出一两件知名度极高的藏品。我们穿越千山万水，与一些承载了几千年风雨的物品相见，起到的作用也只是“有助谈资”，而对博物馆里真正的宝藏，仅仅是瞥了一眼。

大家需要“一本博物馆”

博物馆不是普通旅游景点，其中陈列着数以万计的文物，背后藏着丰富的文化内容。如果参观博物馆前不认真准备一番，只是匆匆走过，难免像看了一堆陈旧物品的“文化邮差”。只有参观博物馆前预习，参观时看到文物才会与它似曾相识；参观博物馆后温习，回味给自己留下深刻印象的内容和文化脉络，如此，才算是基本了解一座博物馆。

博物馆里有一锅“文化粥”

如果说，考古是人类文明的“第一现场”，那么，博物馆则是“第二现场”，由发掘转为收藏和展示。在博物馆中，人类文明被高度浓缩，大众得以与历史直面。

美国盲人作家海伦·凯勒曾在《假如给我三天光明》一书中写道，如果拥有三天光明，她会选择一天去博物馆：“这一天，我将向过去和现在的世界匆忙瞥一眼。我想看看人类进步的奇观，那变化无穷的万古千年，这么多的年代，怎么能被压缩成一天呢？当然是通过博物馆。”

博物馆有多种类型：综合的、历史的、自然的、艺术的、科技的、特殊类型的等。博物馆里有百科，像一锅熬了千百年、包罗万象并经过系统整理、直观呈现人类文明的“文化粥”。

文物是眼见为实的历史

一切历史都是故事，凡是故事经过当代或下一代人回忆整理时都难免会对事实进行主观重构。文物是眼见为实的历史，即使学者们对解读有争议，起码也是在实证的基础上进行。如此，我们更能了解历史的原貌，这是对历史的尊重。

文物是形象化的记忆

事物容易被记住往往是因为它有趣的形式。千言万语不及一张图。有学者推算，我们一般人“记忆中的语言信息量和形象信息量的比率为 1:1000”。

文物正是有趣的形式，直观的形象比文字更让人印象深刻。

文化是民族的血脉和自信

文化是民族的血脉。一个国家、一个民族、一个家族、一个人的自信不仅缘于拥有多少财富、多大权力，更缘于其深厚的文化底蕴。好比我们以自己的家世为荣，有一天，拿着母亲的照片对别人说：“这是我母亲年轻的时候，她也曾经风华绝代呢。”

缘起如上。北京增艳锦添与博物馆专家团队，联合出版“一本博物馆”系列丛书，根据每个博物馆展览陈列的线索，选取每个展厅中具有代表性的文物，将专业、严谨的知识用通俗的语言表达出来，以有趣的形式呈现。我们的目的只有一个：大家拿着“一本博物馆”，走进一座博物馆，爱上延绵不断的中华五千年。

2022 年 5 月 20 日

目录

陕西古代文明（2）

臣信
啓事
大司
馬
金

陕西古代文明（3） 130

大唐遗宝 197

唐代壁画珍品展 232

陕西历史博物馆
入口
入口

SHAANXI
HISTORY MUSEUM

了解陕西历史博物馆

建成时间： 1991 年 6 月 20 日建成开放

地理位置： 西安南郊唐大雁塔西北侧

占地面积： 6.5 万平方米

常设展览： 陕西古代文明、大唐遗宝、唐代壁画珍品。

藏品数量： 170 余万件（套）

藏品特色： 以青铜器、历代陶俑、金银器、壁画为特色，其他类型兼具。

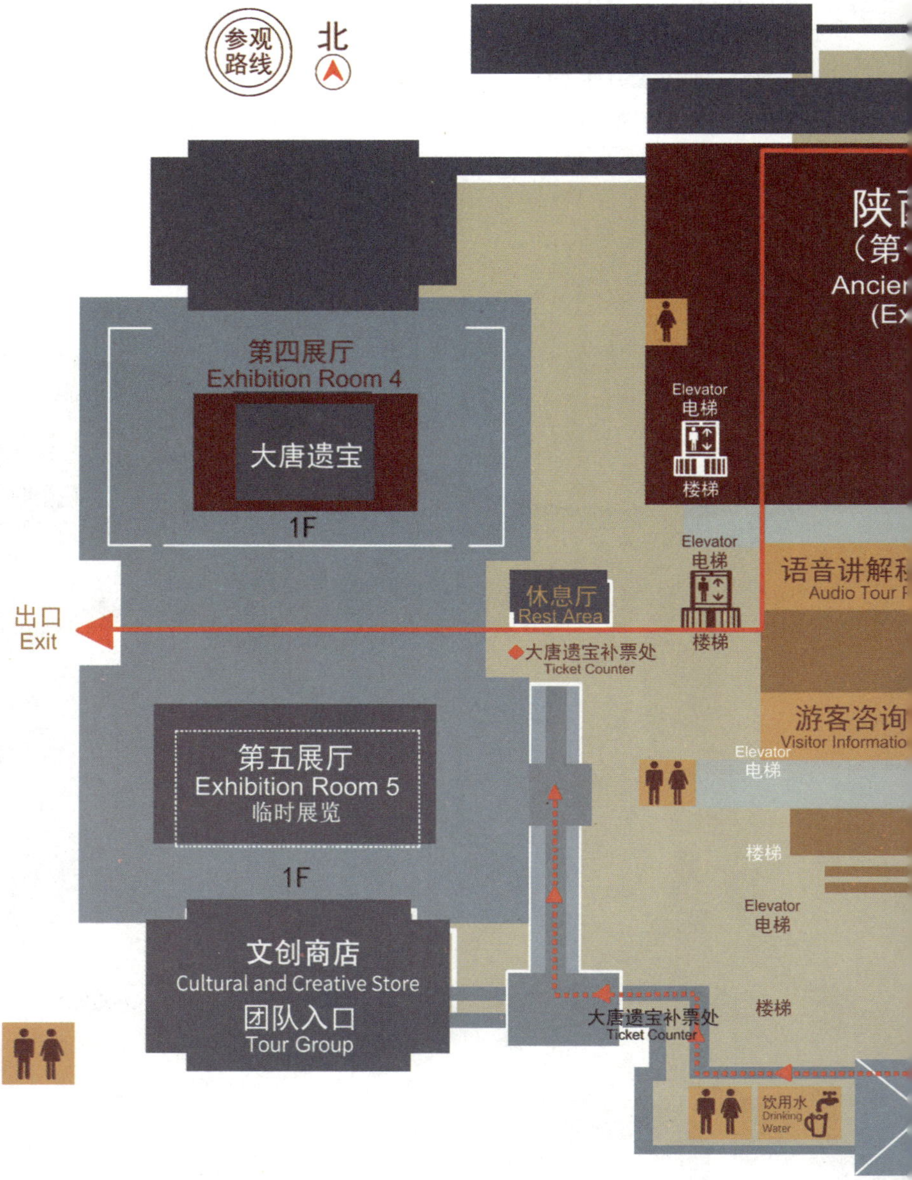

陕西历史博物馆平面示意图

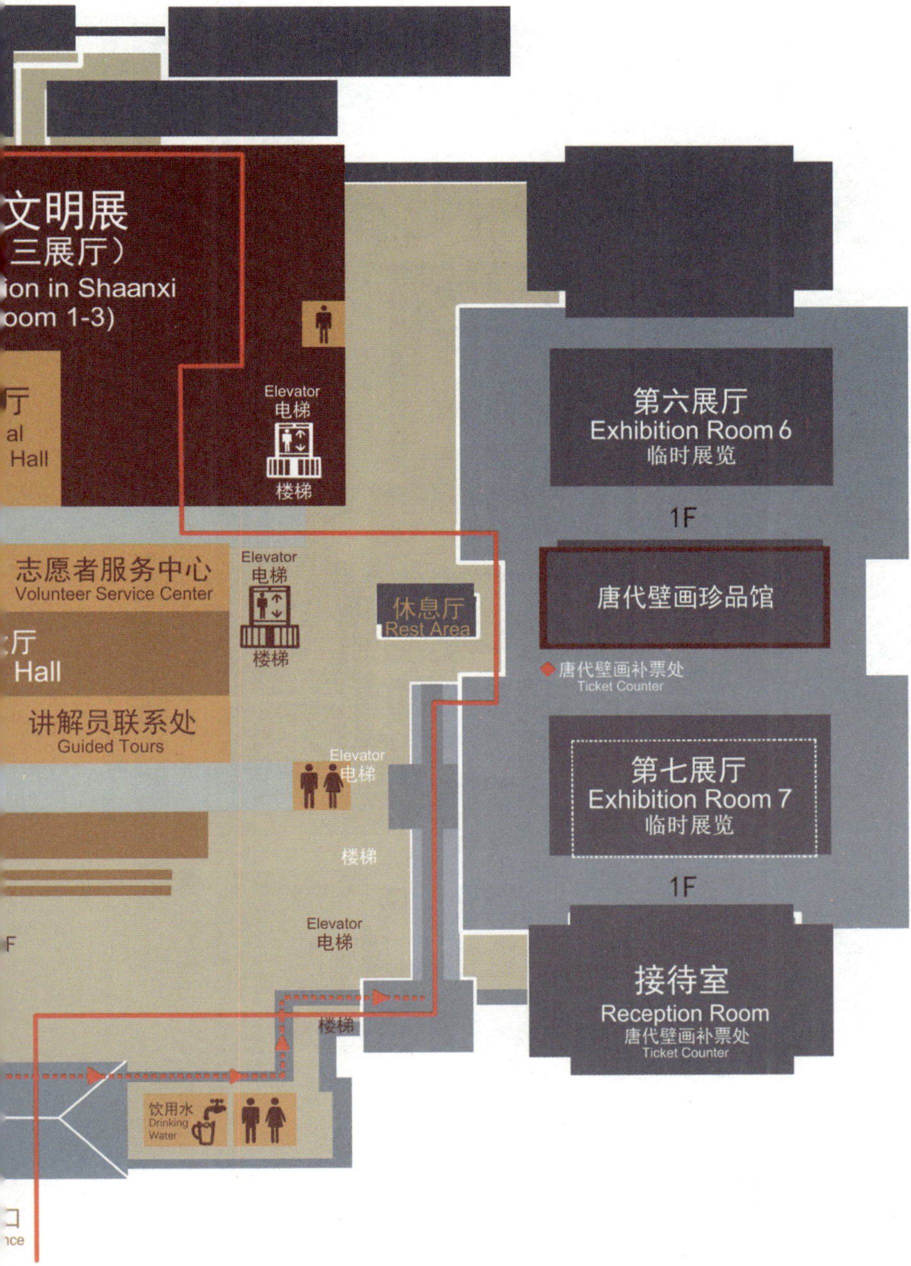

文明展
三展厅）
ion in Shaanxi
oom 1-3)
Elevator
电梯
楼梯
厅
al
Hall
第六展厅
Exhibition Room 6
临时展览
1F
志愿者服务中心
Volunteer Service Center
Elevator
电梯
楼梯
休息厅
Rest Area
唐代壁画珍品馆
唐代壁画补票处
Ticket Counter
厅
Hall
讲解员联系处
Guided Tours
Elevator
电梯
楼梯
第七展厅
Exhibition Room 7
临时展览
1F
Elevator
电梯
F
楼梯
接待室
Reception Room
唐代壁画补票处
Ticket Counter
饮用水
Drinking
Water
口
nce

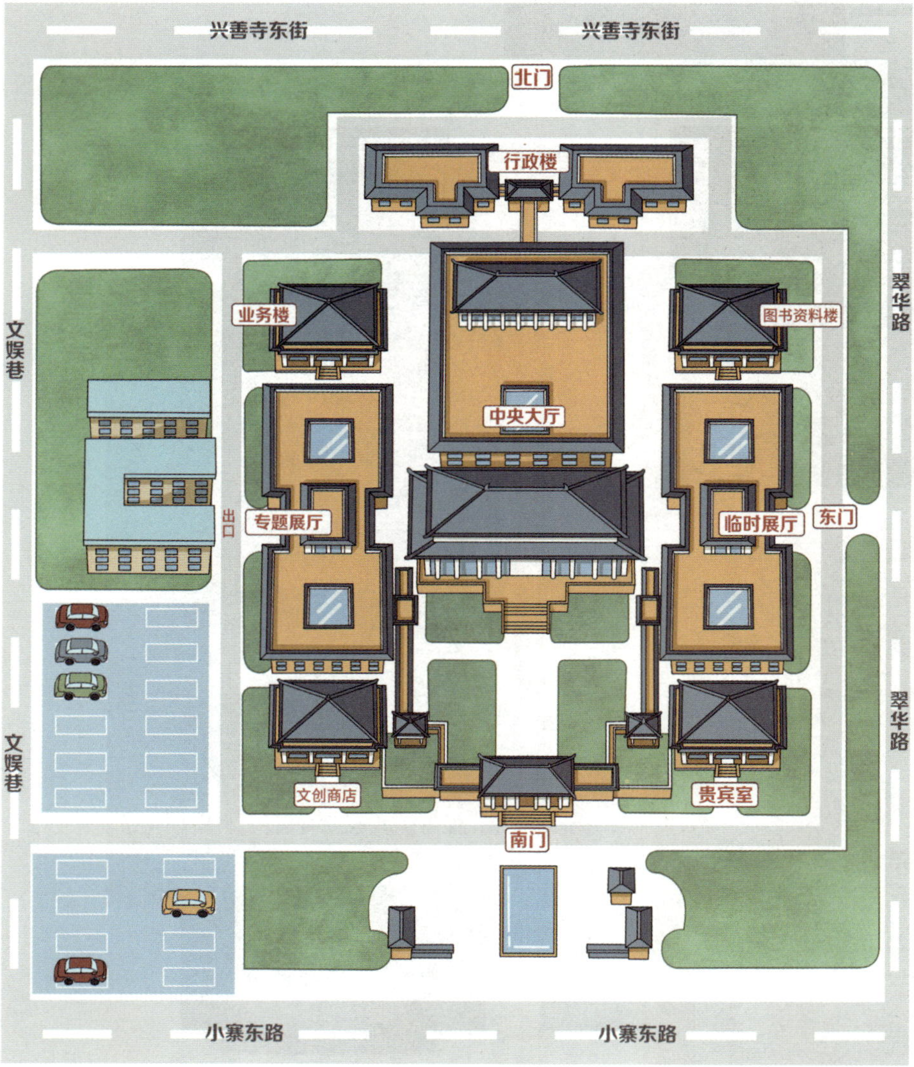
兴善寺东街
兴善寺东街
北门
行政楼
业务楼
图书资料楼
翠华路
文娱巷
中央大厅
出口
专题展厅
临时展厅
东门
文创商店
贵宾室
南门
翠华路
文娱巷
小寨东路
小寨东路

陕西历史博物馆周边

陕西历史博物馆简介

陕西历史博物馆前身

陕西历史博物馆前身为1944年6月成立的“陕西省历史博物馆”，1955年6月改称“陕西省博物馆”。1983年根据周恩来总理生前指示，开始在现址筹建新馆，1986年夏破土动工，1991年6月20日正式建成开放，并定为现名。作为中国第一座大型现代化博物馆，陕西历史博物馆以建筑风格之宏伟、陈列文物之丰富、所藏精品之精粹、反映历史之悠久，被誉为“古都名珠，华夏宝库”。

陕西历史博物馆地理位置及建筑特点

陕西历史博物馆位于西安市小寨东路，紧临著名的地标建筑——唐代大雁塔，整体建筑为唐代的宫殿庭院式风格，坐北朝南，恢宏大气。南侧的主入口大门为庑殿顶，共三条门道。走进大门以后，迎面便是主馆，坐落于长方形台基之上，为整片建筑中体量最大的单体建筑。重檐庑殿顶的造型，象征了古代皇宫的中央正殿，体现了至高无上的地位。面阔九间，进深五间，包含了“九五之尊”的寓意。抬头仰望大殿顶，屋脊两侧的鸱（chī）尾，乃中国古代神话传说中能避火灾、驱魑魅（chī mèi）的神兽。

博物馆的建筑借鉴了中国传统宫殿“轴线对称，主从有序；中央殿堂，四隅崇楼”的模式，高低错落，浑然一体。2016年，它被中国文物学会和中国建筑学会公布为“中国20世纪建筑遗产”。曾获中国建筑学会建筑创作奖，被联合国教科文组织确认为世界一流博物馆。

博物馆占地6.5万平方米，建筑面积5.56万平方米，文物库区面积8000平方米，展厅面积1.1万平方米。

陕西历史博物馆主要藏品及突出特点

陕西历史博物馆的馆藏文物 170 余万件（套），上起远古人类使用的简单石器，下至 1840 年前社会生活中的各类器物，时间跨度长达 100 多万年。不但数量多、种类全，而且品位高、价值大。在工艺技术、艺术创造等方面均代表了当时的最高水平，而且以其无与伦比的典型性、完整性和序列性，充分体现了中国古代文明的博大精深。博物馆的常设展览由基本陈列“陕西古代文明”和两个专题展“大唐遗宝”“唐代壁画”组成，既体现了陕西古代文明在中华文明中的重要地位，也彰显了陕西历史博物馆藏品和研究的优势与特色。

该馆有国宝级文物 18 件（组），其中 2 件为首批禁止出国（境）文物。

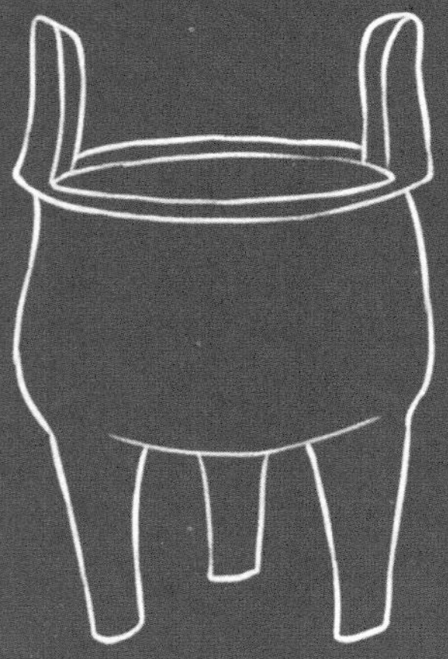

西周青铜器——神秘瑰丽
中国礼乐文化的青铜史书

青铜器是指用铜、锡、铅铸造的器物。西周时期，陕西作为周王朝的畿辅所在，青铜铸造业在礼乐文化影响下，发展到了空前水平，出土西周青铜器的数量、质量可谓举世无双。陕西历史博物馆收藏的 2000 余件西周青铜器，是中华民族礼仪之邦源远源头的重要见证。

历代陶俑——千姿百态
一部漫长的中国雕塑史

陶俑是中国古代墓葬中最常见的随葬品类，该馆收藏的历代陶俑不仅数量众多、题材广泛、内容丰富，而且发生、演进的序列完整，在国内博物馆中极为少见，堪称中国漫长雕塑史的缩影。

唐代金银器——独步中华

20 世纪中国关于唐代最重大的考古发现之一

西安及周边地区是全国唐代金银器出土最多的地方，尤其何家村窑藏出土的 270 余件金银器，是唐代金银器制造最成熟、最鼎盛时期的产品，代表了唐代金银器制作的最高水平。

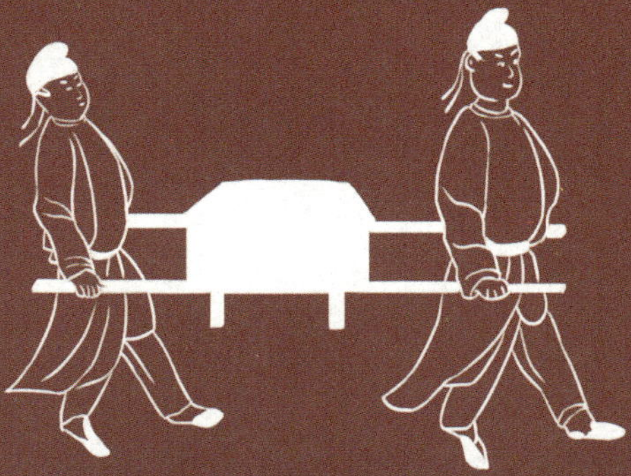

唐墓壁画——举世无双

堪比欧洲“文艺复兴艺术宝库”

唐代墓葬壁画以陕西出土最多，从而也成为陕西历史博物馆独具特色、举世无双的珍贵藏品。陕西历史博物馆收藏的唐墓壁画精品近 600 幅，出土自 20 余座唐墓，面积达 1000 多平方米，其中 5 件（组）18 幅被定为国宝级文物。其数量之多、等级之高、保存之好世所罕见。

陕西历史博物馆中的文物除上述几大类别外，其他如秦汉砖瓦、唐三彩、陶瓷器、玉器等类文物也在全国占有重要地位。总之，得天独厚的历史文物遗存来源于陕西悠久灿烂的辉煌历史，也造就了陕西历史博物馆丰富且具代表性的收藏。它们是中华民族灿烂文化的体现，也是全人类共同的文化财富。

西安曾是哪些朝代的都城

西安，古称长安，是丝绸之路的起点。西周都城镐京，秦朝都城咸阳，汉代都城长安，隋朝都城大兴城，唐朝都城长安……都在今日的西安。作为“十三朝古都”，西安也是中国历史上建都朝代最多、时间最长、影响力最大的都城之一。得天独厚的文明积淀、辉煌灿烂的文化遗存奠定了陕西文物“甲天下”的地位。

陕西古代文明（1）

早在远古时代，华夏民族的祖先就在陕西这块土地上生息繁衍。如果包括在陕西北部由赫连勃勃所建的大夏国，中国古代社会曾有 14 个王朝在这里建都，其中最为强盛繁荣的周、秦、汉、唐都以这里为中心舞台。陕西悠久的历史、灿烂的文化，曾经为人类文明做出了重大贡献，并且留下了丰富多彩、弥足珍贵的文物宝藏。

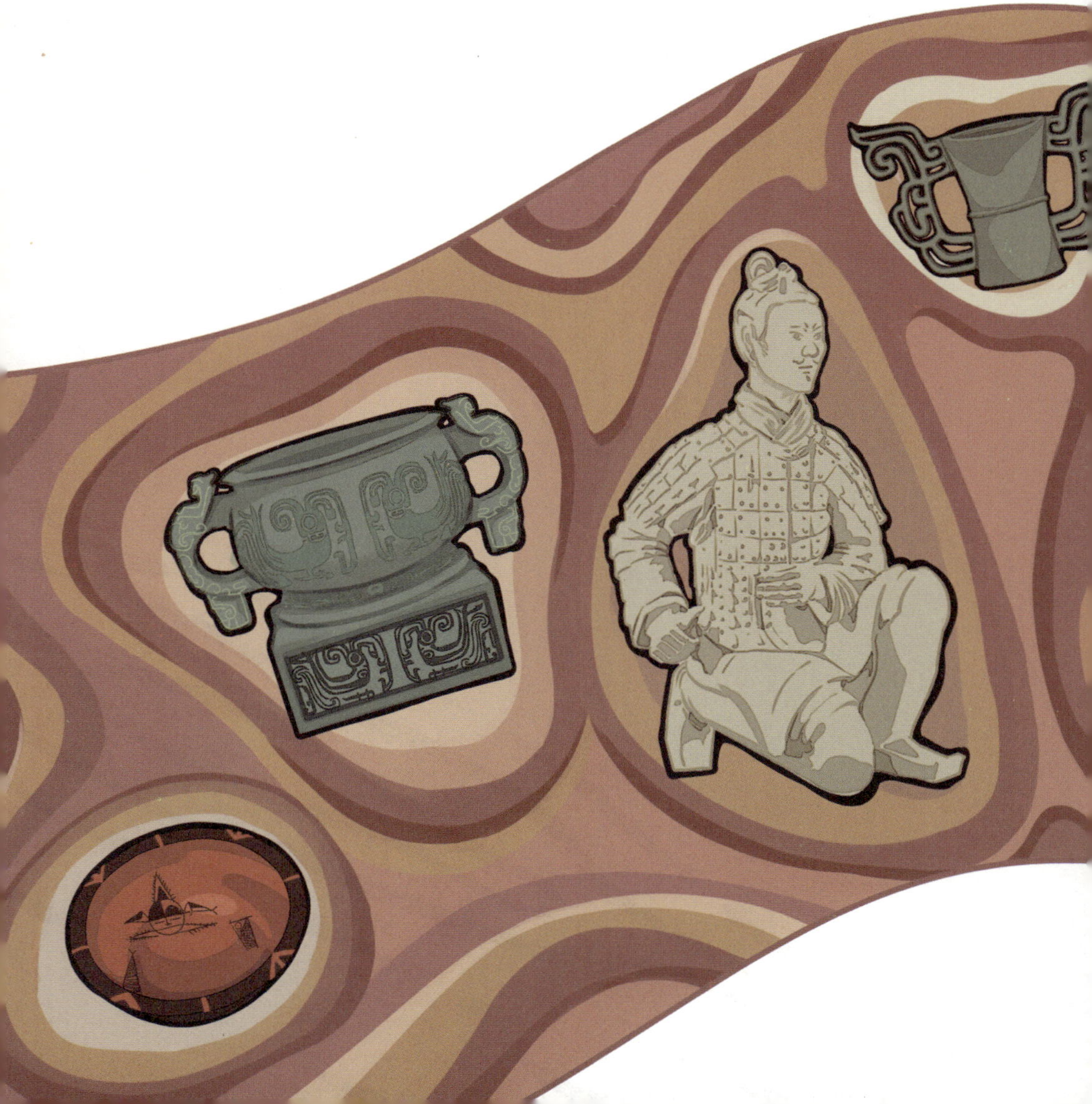

第一展厅平面示意图

您当前所在位置
You are here

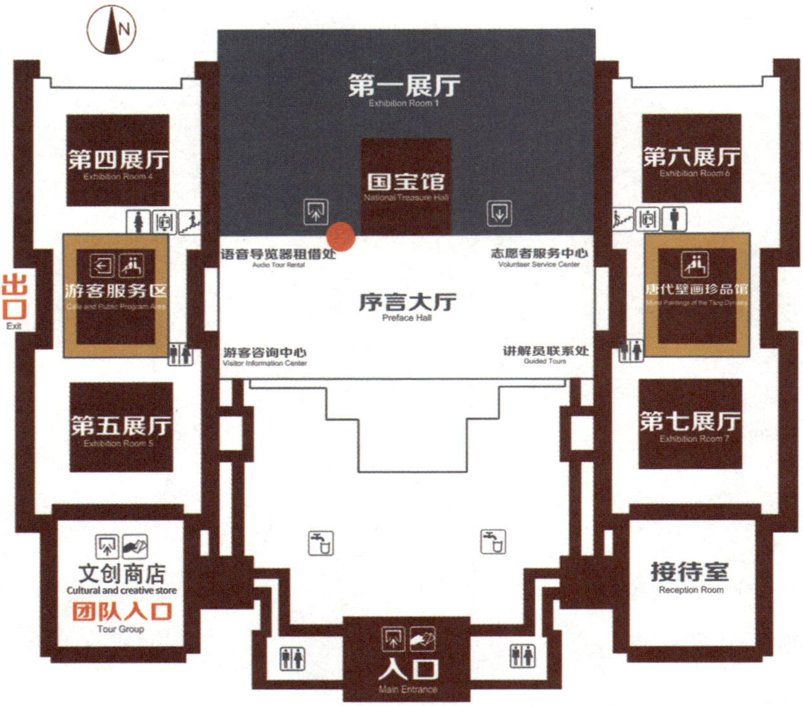

第一展厅参观路线
Visitor Route for Exhibition Room One

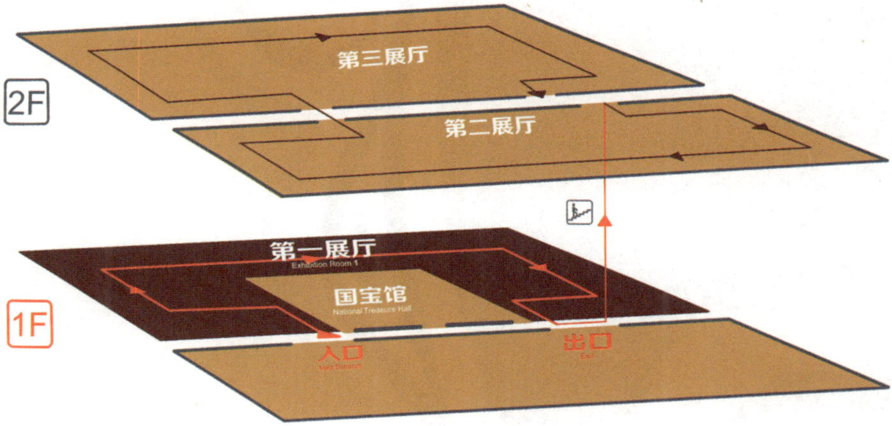

第一单元 文明摇篮

史前时期

（约163万年前—公元前21世纪）

陕西地处黄河中游，是中华民族的重要发祥地和中华文明的摇篮之一。境内发现的蓝田人、大荔人等远古人类遗存及西安半坡、临潼姜寨、高陵杨官寨、神木石峁等早期文化遗址，反映了远古先民在这里形成、演进的过程和生存、发展的状况，再现了陕西史前文明的基本特征和中华民族生机蓬勃的童年。

人类童年看蓝田

蓝田人 / 蓝田人头骨 / 蓝田人颌骨

旧石器时代

陕西蓝田县出土

推荐星级：★★★☆☆

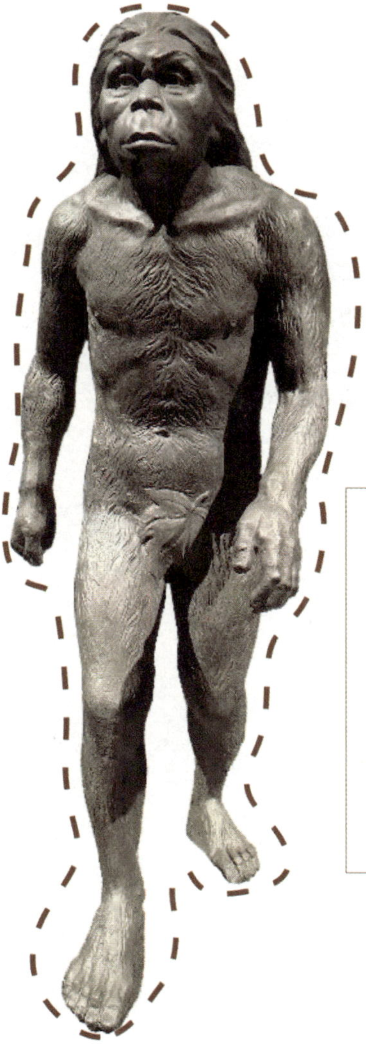

陕西境内发现的远古人类从蓝田人到大荔人再到黄龙人，记录了人类演进的历史，彰显了陕西作为中国古人类发祥地的显著地位。

1963—1964 年在蓝田县发现的猿人下颌骨、头骨以及打制石器，为研究我国旧石器时代早期人类进化及物质文化提供了宝贵的材料。蓝田人不仅是陕西境内迄今发现的最早的原始人类，也是整个北半球发现的最早的直立人。经古地磁法鉴定，蓝田人的生存年代距今 110—115 万年。

遥远的家园：蓝田人遗址

1963 年至 1964 年，在陕西省蓝田县相距约 30 公里的公王岭和陈家窝村两地分别发现了一个老年女性下颌骨化石和一个中年女性头骨化石。经测定在公王岭发现的古人类化石距今约 110 万年至 115 万年，属第四纪更新世早期，按照国际科学记名惯例，定为“直立人蓝田亚种”，通常称为“蓝田猿人”或“蓝田人”。1982 年，国务院公布蓝田猿人遗址为全国重点文物保护单位。

篝火就炊朝甑饭

陶甑（zèng）

新石器时代
陕西西安临潼区姜寨遗址出土

陶甑最早发现于公元前 6000 年前的新石器时代中期，是那时最常见的炊器，地位仅次于鼎、鬲（lì）、釜。

陶甑在底部均有小孔，常与陶罐配套使用。蒸饭时，先将盛食物的陶甑放置于盛水的陶罐之上，在罐下烧火，水蒸气通过甑底的孔眼将食物加热蒸熟，类似于我们现在的蒸笼。

这件陶甑用红色胎土制成，工艺简单粗糙，整体胎质薄，致密度不高。陶甑的发现证明了人类蒸食之路的开始，古老的智慧一直沿用至今。

一叶扁舟水上漂

红陶船形壶

新石器时代
陕西商州杨浴河乡出土
推荐星级：★★★★☆

据历史记载，很久以前，我国先民已经发明船作为水上交通工具，船形壶便是这一史实的见证。这只壶像一只小船，两肩上横置两个桥形小耳，既便于提拿，又可穿绳背负，随身携带。

陶壶是新石器时代先民常用的盛水器，在同为仰韶文化聚落遗址的宝鸡北首岭遗址中，也出土了一只类似的彩陶船型壶。

无论是陕南商州的还是关中西部宝鸡的原始先民，都使用船形壶，说明当时船的使用已较为普遍。

汲得坡下清冽泉

尖底瓶

新石器时代
陕西宝鸡金台区福临堡出土
推荐星级：★★★☆☆

小口、细颈、鼓腹、尖底的陶瓶是仰韶文化最典型的器类之一，主要出土于仰韶文化半坡、庙底沟、西王村类型等遗址中。

传统观点认为尖底瓶是一种汲水器，即打水的容器。汲水时，绳子穿过瓶的双耳，将空瓶放入水中；注水后，重心转移，瓶口朝上瓶身竖起，再用绳将瓶吊出水面。即所谓“虚则攲（qī），中则正，满则覆”。现在有学者认为尖底瓶也有可能是一种酒器。

田中归来作羹汤

贴塑壁虎纹陶罐

新石器时代

陕西铜川前峁遗址出土

推荐星级：★★★☆☆

此罐满身饰细绳纹，腹上部有对称的双耳和一只伏卧的壁虎纹。壁虎是用陶泥捏出纹样粘贴在罐壁之上，壁虎的造型与河南史前墓葬中用蚌壳摆成的“龙”纹相似。

这件陶罐材质为夹砂红陶。先民在烧制陶器的过程中发现在陶土中掺杂泥沙能增加器物的耐受力，可以防止坯体碎裂。这种工艺从史前一直沿用至今，今天的砂锅还在使用这项古人的发明。当你喝上一碗浓香的砂锅汤时，是否会想起这件史前宝贝呢？

梦魂仰月空长叹

人面鱼纹彩陶盆

新石器时代
陕西西安临潼区姜寨遗址出土
推荐星级：★★★★☆

仰韶文化因其陶器上用色彩绘有图案，一度被称为“彩陶文化”。这件人面鱼纹盆是彩陶文化的典型代表，出土于陕西西安临潼区的姜寨遗址。

人面鱼纹盆内有一对人面鱼纹和一对鱼纹，两两相对，相间分布。人面鱼纹中人的嘴角绘有两条鱼纹，似口衔双鱼，而耳旁双鱼又作鱼衔人耳状。一对鱼纹头向相反，整体看呈追逐状。关于鱼的含义主要有图腾说、神话说、祖先形象说、生殖崇拜说等。

彩陶盆虽名为“盆”，却不是一种容器，有专家学者认为这是儿童瓮棺的棺盖。将夭折的儿童葬于陶瓮内，以盆为盖，盆底有两个小孔，据说是为了灵魂的自由出入。

遥远的家园：姜寨遗址

该遗址是黄河中游以仰韶文化为主要堆积的遗址，1972—1979 年发掘，位于陕西西安临潼区城北，是迄今中国新石器时代聚落遗址中，发掘面积最大的一处，共约 5 万平方米。该遗址揭露出一处完整的半坡类型的史前聚落。整个聚落可分为居住区、窑场和墓地三部分。居住区以环壕围护，内有房屋 100 多座，分大、中、小三种，按布局可以分为 5 个相对独立的群落，房屋之间散布着储藏东西的窖穴和埋葬儿童的瓮棺。窑场位于村西临河岸边，墓地位于村东壕沟之外。姜寨遗址为研究当时的生产生活与社会组织形态提供了重要的实物资料。

千古陈陶憨态掬

兽面纹彩陶细颈壶

新石器时代

陕西西安临潼区姜寨遗址出土

推荐星级：★★★★★

细颈壶是姜寨遗址出土较多的一类器物，多与罐、钵等组合在一起随葬于墓中。此壶是同类器物中最精美的一件，壶口像莲蓬，肩部、腹部处均施黑色彩绘图案，壶身上下两个图案似猪面，憨态可掬，生动传神，也被称作“猪面纹”。

猪面纹的产生反映了姜寨先民可能已将野猪驯化成了家畜。将猪作为题材绘于陶器上，可能与鱼纹、植物纹等绘于陶器上的功能相近，蕴含着远古先民对动植物的崇拜及万物有灵的观念。

第二单元 赫赫宗周

周（约公元前21世纪—公元前771年）

先周（夏商时期，公元前21世纪—公元前11世纪）

西周（公元前11世纪—公元前771年）

西周时期是中国早期国家的重要发展阶段，其政治制度、经济形态尤其是伦理精神对后世影响极其深远，故孔子由衷推崇并赞叹："郁郁乎文哉，吾从周。"陕西是西周的国都与政治中心，丰富的遗迹、遗物见证了璀璨的西周文明。

饕餮盘餐共酒食

饕餮（tāo tiè）纹鼎

商代早期

陕西铜川深洞出土

推荐星级：★★★☆☆

此器形体硕大，柱足中空与腹相通，颈部和三个柱足上皆饰饕餮纹。《左传》《山海经》等古书上记载道，饕餮是虞舜时期四凶族之一，眼睛长在腋下，有人一样的手爪和老虎一样的牙齿，贪婪凶猛，特别好吃，甚至连自己的身体都吃光了，因此有头无身。民间常用“饕餮”调侃贪吃的人，用“饕餮大餐”形容食物丰盛，还将讲究吃食的美食家称为“老饕”。

遥远的家园：朱马嘴商代遗址

朱马嘴商代遗址位于陕西省礼泉县最北部的南坊镇朱马嘴村北面，面积约15万平方米。根据地层关系及出土陶器特征，可将遗址的商文化遗存分为三期，年代大体从二里岗上层偏晚阶段，经过殷墟文化一期，发展延续到殷墟二期或略晚。2003年该遗址被陕西省人民政府公布为第四批陕西省文物保护单位。

鼎鬲浑融饕餮狰

饕餮纹分裆鼎

商代晚期
陕西华县桃下村出土

分裆鼎是商周青铜鼎的一个重要类型，因其与鬲（lì）有着很多相似之处，所以也被称作鬲鼎。

鼎和鬲均是炊器，功能相近、形态相似，不同的是鬲腿是空心的，像三个肥大的布袋。二者在发展过程中相互影响，形成了一种中间形态的新器类——分裆鼎。

这件分裆鼎的裆很高，器腹犹如鬲的袋足，腹部的纹饰为三组大饕餮面，突出的大圆目，高扉棱象征着鼻部，形象极为狰狞，营造出一种凶猛、恐怖的震撼之感。

煮酒散尽烟痕在

涡纹斝（jiǎ）

商代早期
陕西西安鄠（hù）邑区侯家庙出土
推荐星级：★★★★☆

斝与角、爵相同，是一种温酒器，出现于夏代，盛行于商代，西周早期以后逐渐消失。其器型从早期的陶器器型演变而来，是商周时期重要的礼器，常与觚（gū）、爵等成套使用。出土的斝外底多有烟熏痕迹，有些器内还残存白色水锈，应该是灼烧加温留下的痕迹。

这件涡纹斝器身较矮，腹部的装饰纹饰分上下两组，上部为饕餮纹，下部为凸起的圆涡纹，涡纹斝之名由此而来。这件斝的纹饰与造型相呼应，形成一种和谐的美感，为商代中期不可多得的一件代表性器物。

朝来寿斝儿孙奉

凤柱斝（jiǎ）

商代晚期
陕西岐山县贺家村 1 号墓出土

这是一件商代晚期的酒具，出土于岐山县贺家村。斝的口沿有双柱，柱端各立一高冠的凤鸟。凤鸟双目圆睁，羽毛和翅膀的细节刻画得形象逼真。凤鸟是商周青铜器上常见的装饰题材，变化多样、神态各异，为神秘肃穆的青铜礼器带来一种灵动感。

幸有天意此间留

媡（sàng）鼎

商代晚期
陕西扶风县任家村出土
推荐星级：★★★★☆

这件鼎为典型的商代晚期器物，造型敦厚、纹饰精美，腹内壁刻有两段铭文，可知作器者名为“媡”。铭文字体粗肥劲道、书体古朴秀丽。

此鼎 1940 年在陕西扶风县任家村出土。与此鼎同出器物共 128 件，绝大部分被盗卖国外，这个免于倒卖的“幸运儿”则被陕西历史博物馆收藏，是反映商代后期青铜器铸造业长足发展的极好见证。

一勺新酒醉千年

羊首勺

商代晚期
陕西清涧县解家沟商代墓葬出土
推荐星级：★★★☆☆

古代舀水、汤、酒都用勺。这个羊首勺与酒器同时出土，应为挹（yì）酒器，就是将酒从盛酒器中盛出的工具。有限的勺柄上塑造了一个惊心动魄的场景：勺柄端铸一个头长盘角、双目圆睁、口部大张的羊头形象，勺柄上一只老虎张嘴咆哮，身体后倾似正扑食前方奔跑的小羊，前方的小羊似乎已精疲力尽，正“咩咩”求救，生动呈现了自然界弱肉强食的场景。

在铜器上铸造动物形象是北方草原民族的文化特色。商代时期北方草原文化已与中原地区的青铜文化相互交融，但北方民族依然保留着自己的独立风格，这把勺的装饰风格就是其狩猎生活的真实写照。

将军铁骑战方酣

蛙纹钺（yuè）

商代晚期
陕西洋县谢村镇范坝村出土

兵器是出土青铜器中种类较多的一类，包括戈、矛、戟、钺、刀、剑、匕首等。关于钺的用途，《左传》中有“鏚（chéng）钺（yuè）作匕……抚征东夏”的记载，说明钺具有象征军事权力和砍杀的实际功能。

这件钺前部呈半圆形，正中镂空一蛙。蛙圆目大睁，四脚匍匐欲跃。这种纹饰常见于新石器时代，专家们对其有三种解说：一是月神说，《淮南子·精神训》载“日中有鸟，而月中有蟾蜍”，古代神话中蟾蜍代表月亮；二是源于蛙繁殖力强的生殖崇拜说；三是图腾说。

日日深爵自开怀

夔（kuí）龙纹爵

商代晚期
陕西榆林绥德县墕头村出土

爵是中国最古老的饮酒器，流行于夏商时期，西周后逐渐消失。

爵通常为圆腹，一侧的前端有槽方便喝酒，后部有尖状尾。槽口有两个立柱，腹部中空，下有三个锥状足，以便加火温酒。

爵上端的两根柱子直到现在也不知何用，一说是喝酒时嘴会碰到柱子，提醒不要贪杯；另说是古人酿酒技术还不成熟，酒上面经常漂浮着一层杂质，爵上面的两根柱子可固定滤网，方便倒酒时过滤。

器身上的纹饰为夔龙，是传说中一种单足的神兽，后来宋朝人将所有单足兽纹均称夔龙纹。

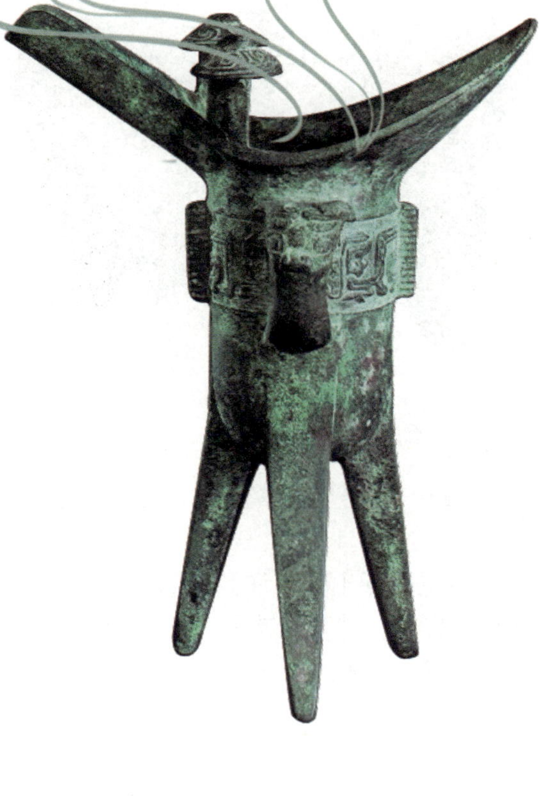

高朋端坐理盘鬲

饕餮纹四足鬲

商代晚期
陕西城固县龙头镇出土
推荐星级：★★★★☆

食器可分为饪（rèn）食器与盛食器两大类。鬲是饪食器，流行于商代至战国时期。

鬲最早为陶制，商周时期出现了许多青铜鬲，其主要用途是煮粥。粥在《说文解字》中作“鬻”，其下部就是一个鬲。

为了增加器物的稳定性，故均为三足设计。这件四足鬲在青铜器中仅此一件，弥足珍贵。

天地神灵扶社稷

五祀（sì）㝬（hú）钟

西周晚期
陕西扶风县法门镇白村出土

钟有甬（yǒng）钟、纽钟和镈（bó）钟三种。

这件五祀镈钟为甬钟，是周朝第十位天子周厉王为祭祀五种神祇所作，钟上铸有祭祀天地祖先的89字祭文。周厉王姬姓，名㝬。祭祀的五种神祇称为五祀，所以叫五祀㝬钟。这是目前已经出土的第三件周厉王所作之器。

漠漠春阴酒半酣

史迹角（jué）

西周早期
陕西岐山县贺家村周墓出土

角是流行于夏商时期的饮酒器，器物造型与爵相似，以角命名可能和最早使用兽角有关。

这件史迹角前后两角向上翘起，基本对称，侧面把手上用浮雕兽头作装饰，器身饰夔龙纹，把手和盖内有六字相同铭文，由铭文可知此器为史迹所作。

角是下级官吏及平民使用之物，《礼记·礼器》载：“尊者举觯（zhì），卑者举角。”周朝人吸取商人享乐亡国的教训，限制饮酒，因此酒器制作进入低谷期，很多器类在西周中期之后就逐渐消失了。

蒸藜捧豆入筵席

周生豆

西周晚期

陕西宝鸡西高泉村 1 号墓出土

豆是新石器时代晚期出现的一种食器，分为有盖和无盖两种。最早为陶制，商代出现青铜豆，并逐渐演变成礼器。豆的使用常以偶数组合，数量多少与身份高低有关。

这件青铜豆是西周中晚期豆的标准形象：无盖、浅盘、高柄。盘底铭文为“周生作豆，用享于宗室”，故称周生豆。

先秦时期，豆不仅是食器，还是量器。《左传·昭公三年》记载齐国有四种量器“豆、区、釜、钟”。

苍烟遗落三千年

伯甗（yǎn）

西周早期
陕西宝鸡竹园沟西周墓葬出土
推荐星级：★★★★☆

甗，流行于商至汉代的饪食器。器由两部分组成：上部为甑（zèng），以盛蒸物；下部为鬲，以盛水加热。

甗有连体和分体两种，这件属于连体。甗底还积留着厚厚烟灰。甗内壁有四字铭文，为研究曾经活动区域在今宝鸡地区的强国提供了宝贵的素材。

考古大发现：西周墓葬

西周墓葬的大量发现和发掘是从 20 世纪 50 年代开始的。现今发掘的西周墓葬总数已近 2000 座，主要分布在陕西省的西安、扶风、岐山、宝鸡，河南省的洛阳、浚县，北京市的昌平、房山以及长江下游地区。

西周墓葬分区可大体划分为中原地区和长江下游地区。两者在墓葬形制和随葬品上都有很大的差别，前者为土坑竖穴墓，随葬陶器、青铜礼器等；后者为土墩墓，随葬大量的原始瓷器。

这些墓葬集中反映了西周时期不同地区、不同年代、不同阶级和阶层在埋葬制度上的特点，为当时丧葬礼仪制度的研究提供了重要的实物资料。

出师未捷身先死

強（yú）季卣（yǒu）

西周早期
陕西宝鸡竹园沟西周墓出土
推荐星级：★★★★☆

卣，一种盛行于商和西周时期的盛酒器，器身多为椭圆形，带提梁，故称提梁卣。

这件卣器下承接四扁足，甚为奇特。器身以折身回首夔龙、云雷纹衬地，装饰纹样较为朴素，是周昭王时期的代表器型。

周昭王是周朝第四任君主，他继位后，继承其祖父和父亲开创的“成康之治”，继续扩大疆域。他亲自率兵东征南讨，屡获大胜，却在继位第十九年南征回师途中，病死于汉水。他儿子周穆王继位之后，继续向外扩张，以实现历代先王的宏图大志。

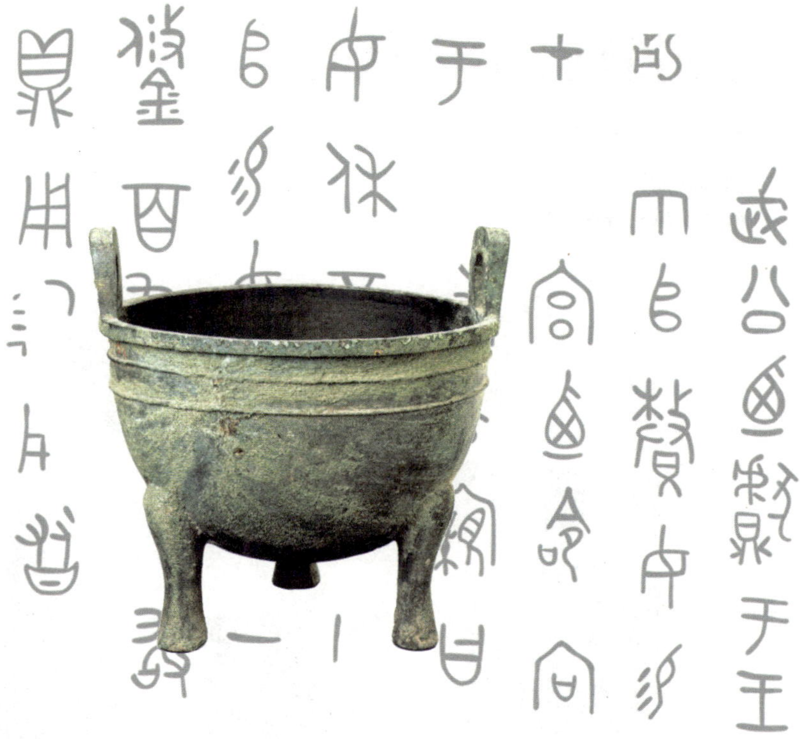

赫赫战功鼎为据

多友鼎

西周晚期
陕西西安长安区斗门镇下泉村出土
推荐星级：★★★★★

这件鼎是几个村民在河道细沙堆中发现的，虽然“其貌不扬”，但鼎腹内 279 字的铭文，却记录了西周晚期的一件重要史实，即厉王与猃狁（xiǎn yǔn，即匈奴）之间的一场战争。猃狁某次侵犯京师腹地，周厉王命令武公派遣多友率兵迎击。双方激战半个月，先后打了四次大仗，多友均取得了胜利，共杀敌 350 余人，俘获 20 多人，缴获战车 127 辆，夺回了被猃狁掳去的人民，并将猃狁逐出了周境。武公将多友的战绩上报给周王，周王下令重赏多友，赐青铜 100 多钧。多友特铸此鼎以纪念。

美名铸刻传千古

柞（zhà）钟

西周晚期
陕西扶风县齐家村出土

钟是中国古代音乐发展史上一个杰出的创造，战争、祭祀与宴飨（xiǎng）时均需要“乐”的烘托，而钟则是乐礼中最重要的器类之一。

铜钟是西周时期创制的，它可能是从商代铜铙演变而来。单独悬挂而敲打奏乐的一个大钟称为“特钟”。不同音阶的钟挂成一排，称为“编钟”。编钟从西周初年的三件一组，发展到晚期的八件一组，到了东周，甚至出现了如曾侯乙墓编钟那样六十四件一组的编钟。

柞钟就是八枚一组的典型代表，各钟形制、纹饰大致相同，大小依次递减，音域已达到三个八度，为研究西周礼乐制度提供了珍贵的素材。钟的主人是柞，从钟上的两篇铭文可知，柞因受周王册命和赏赐，倍感荣幸，特铸钟纪念。

白头之约告苍天

散车父壶

西周中期
陕西扶风县召陈村窖藏出土
推荐星级：★★★★☆

散车父壶一组两件，形制、纹饰相同，重量略有差异。颈部和盖缘饰有凤鸟纹，腹部是垂鳞纹，鱼鳞下端凸起，井然有序，给人端正、肃穆之感，是西周晚期青铜器中的佼佼者。

散是周王朝统辖下的小国，在今天陕西省宝鸡市西南。散氏是周初重臣散宜生的后代，散宜生曾辅佐周文王、周武王。

此壶是散车父娶妻之前，为祭奠已故母亲所作。两件壶的内壁分别刻有铭文 24 字和 17 字，大意是告诉母亲，自己迎娶姞（jí）氏为妻，希望母亲的德行惠及新人，并祈求母亲保佑。

这两件壶是研究西周时期婚姻制度的重要资料。

餐餐恩情谢君赠

散车父簋（guǐ）

西周中期
陕西扶风县召陈村窖藏出土
推荐星级：★★★★☆

召陈村出土的散车父器，除散车父壶 2 件、散伯车父鼎 4 件外，还有 4 件散车父簋。

此组簋可分为两组，甲、乙、丙 3 件器形、花纹相同，丁的双耳、器身、圈足、口沿等处的装饰纹路与其他 3 件略有不同，4 件器物的铭文只有乙器将“子子孙孙”改为“孙子子”，其余 3 件均相同。根据 17 字铭文推测，这组簋应为散车父为其妻郢姞（yǐng jí）所作的食器。

散车父这一组礼器反映了西周贵族续弦婚姻的史实。

神秘的宝藏：召陈村窖藏

1960年，陕西省扶风县召陈村社员在割草时发现了一批铜器，共19件，计有鼎5、簋8、壶2、盘1、匜1、勺2，其中18件藏于陕西历史博物馆。

繁法严刑天下震

它盘

西周晚期
陕西扶风县齐家村西周窖藏出土

盘在商代至战国是承水器——承接盥（guàn）洗后的污水，相当于我们现在的洗脸盆。《礼记·内则》载："进盥，少者奉盘，长者奉水，请沃盥，盥卒授巾"，即年长的侍者持匜（yí）向贵族手上浇水，年幼的侍者端着盘在下面承接弃水。

它盘因内铸铭文"它"字而得名。乍一看，它盘器型简单，也没有繁复的纹饰，仔细看盘足，则发现有四个受过"刖（yuè）刑"的裸体男子跪在盘底，扛着器身。

刖刑是西周五大刑之一（墨、劓、刖、宫、杀），即用锯割断人的一条小腿。受过这种刑罚的奴隶，不能从事重体力劳动，多罚作守门或看守园囿一类的简单劳动，也有用于挽车等。

玲珑它盉调浓酒

它盉（hé）

西周晚期
陕西扶风县齐家村西周窖藏出土
推荐星级：★★★☆☆

盉主要流行于商代至战国时期，基本造型为圆腹，带盖，前有流，后有鋬（pàn），下设三足或四足。商代至周初，盉是作为酒器中的调酒器使用的，即按比例将酒和水置于盉中，以调和酒味的浓淡。周人吸取商人因嗜酒而亡国的教训，颁发禁酒令，从而使得酒器减少，盉也从此变为水器，与盘相配，成为盥洗用的水器。

这件盉造型较为特殊：扁圆形的腹体似一面侧立的鼓，短颈上置一器盖，器盖为一立体的凤鸟，流口为一只怒吼咆哮状的龙，把手为一只回顾后盼的龙。器下有四扁足，上饰兽面。

它盉器盖内有铭文"它"，是作器者的名字。此类扁圆盉的墓葬规格都很高，墓主人一般都是一代国君或是其夫人。

千钧宝鼎授皇恩

善夫山鼎

西周晚期

陕西永寿县好畤（zhì）河出土

推荐星级：★★★★☆

善夫山鼎与多友鼎类似，也有着简约而不简单的气质。鼎内底的 10 行 121 字铭文是一篇册命铭文，主要记录王的任命、训诫、赏赐内容及册命仪式的过程。铭文记载在某王三十七年正月庚戌这一天，周王在宫室举行了一场浩大的册命仪式，嘉赏为国家作出贡献的“善夫山”，最后善夫山稽（qǐ）首谢恩等。

“善夫”是西周时的一种职官，“山”是他的名字。专家学者认为“善夫”就是《周礼·天官》中的“膳夫”，专门管理王、王后和世子的日常饮食，还兼管祭祀、宴享等礼仪活动时所需的食品。

此鼎铭文中的册命文字真实记录了当时的册命和礼仪制度，具有王室档案的性质，极为珍贵。

有佩叮当为贵戚

组玉佩

西周中期
陕西扶风县刘家村西周丰姬墓出土
推荐星级：★★★★☆

古人早在史前时期便有佩戴组玉佩的习俗，最初用作装饰，后来逐渐发展成礼制，成为权贵身份的象征。

商周时期，身份越高者佩戴的组玉佩愈复杂。当时的礼制对贵族的一举一动甚至步态都有着严格的要求，身份越高，步子越小，走得越慢，越显得气质不凡。另外，还有一些特殊的规定，如祭祀时，玉佩不可发出声响，在朝堂行走时，要步伐适当，玉佩碰撞发出的声音要符合音律节拍等。

这件组玉佩的材质有青玉、红色玛瑙、绿松石等，由玉鹦鹉、玉兔、玉蝉、玉蚕和玉璜等组成，色彩绚丽，装饰华美。

浩浩明月窥金罍

垂叶夔纹罍（léi）

西周中期
陕西扶风县齐家村窖藏出土
推荐星级：★★★★☆

罍，是流行于商晚期至春秋中期的大型盛酒器，有圆形和方形两种造型。从商到周，罍的形式逐渐由瘦高转为粗矮，图案由繁缛变得素雅。器身一般都满饰花纹，常见纹饰有饕餮纹、蟠龙纹和蕉叶纹等。这件罍一组两件，都是圆形，是西周晚期青铜罍的代表作品。

莫许杯深琥珀浓

双耳杯（一组两件）

西周中期
陕西西安长安区张家坡出土

商周金文中无“杯”字，将其命名为“杯”是因其形制和用途类似于今天的杯子，称其为觯（zhì）更为准确，是一种饮酒器。

西周时期的饮酒器大多呈圆形，在单侧加把手或者没有把手，这种在双侧加对称把手的实属少见，弥足珍贵。

波涛连绵恩不绝

几父壶

西周中期
陕西扶风县齐家村窖藏出土
推荐星级：★★★☆☆

几父壶由壶盖和壶身两部分组成。壶盖置圈形把手，把手中心饰团鸟纹，盖沿饰窃曲纹。壶身颈部、上下腹部饰连波宽带纹，呈现出水波动荡的粗犷之美，开创了西周晚期粗放纹饰的先河。

壶口内壁铸有 57 字铭文，大意是：某年五月庚午这天，几父在西宫得到上司同仲赏赐的臣仆和青铜等，几父对此深感荣幸，作此壶以纪念。

赢得生前身后名

盠（lí）方彝（yí）/ 盠方尊

西周中期
陕西眉县李家村窖藏出土
推荐星级：★★★☆☆

彝，商代晚期至西周中期的盛酒器。

盠方彝整体像一座迷你的宫殿，器盖和盖钮是古建筑中的庑（wǔ）殿式屋顶型，彝耳似象鼻卷曲紧贴器身。其最奇特之处在于器盖边缘有两个小洞，打开发现里面有两个分格，原来这是一个放调料的器皿，洞口是用来放匙柄的，这不就是我们今天在厨房用的调味盒吗？

尊是一种流行于商周时期的大中型盛酒器，与彝一样，原是礼器的共称，宋之后专指这一类器物。

方彝与方尊器底有相同铭文，共十行 108 字，大意是：某年八月初吉，穆公陪同盠在周庙接受天子册命，周王命盠掌管王室禁卫军西六师、王行三有司，兼司六师及八师艺，赐赤市、幽亢等命服。盠作此器，以纪荣耀。

盠是此器的主人，有学者推断他曾参与过昭王伐荆楚的战争，是昭穆时期的军事重臣，地位极高。

金樽清酒斗十千

牛尊

西周中期
陕西岐山县贺家村出土
推荐星级：★★★★☆

尊除了方或圆形外，还有牛、羊、虎、象、豕等动物形象，统称牺尊。牺尊上有各种华丽的纹饰，兽背或头做成尊盖，既实用又有艺术美感。

这件牛尊巧妙利用伸出的牛舌做流，牛尾卷曲为把手，背上方形盖上置一只前扑的猛虎，牛身雕饰云纹和夔龙纹，粗犷的线条与牛本身粗犷豪迈的气质十分吻合。

牛是我国古代最早驯养的家畜之一，古人将其视为财富的象征。在青铜器的装饰中，大多只出现牛首，像这样整牛造型的青铜器极其罕见，是西周中期难得的青铜艺术精品。

龙飞凤舞佑子孙

日己觥（gōng）

西周中期
陕西扶风县齐家村西周窖藏出土

觥是流行于商晚期至西周早期的盛酒器，周后期逐渐消失。“觥筹交错”就是形容众人喝酒的热闹场面。

与日己觥一同出土的还有日己方彝、日己方尊及它盘、它盉等器。三件“日己”铭青铜器铭文、纹饰相同，铭文大意是作器者为亡父日己铸造祭器，以求蔽护子孙万代。

周人重申先王命

宰兽簋

西周中期
陕西扶风县段家镇大同村出土
推荐星级：★★★★☆

宰兽簋出土时共一组 4 件，其形制和纹饰基本相同。

此簋器、盖同铭，共有铭文 12 行 129 字，记载周王对宰兽册命的全过程，先王已经册命，嗣王重申先王的册命，使宰兽继袭乃祖乃考之职。这篇“重命铭文”，不仅是研究西周册命制度的重要资料，还是西周金文记载最完整的铭文之一，对西周铜器断代具有重要参考价值。

周人故里民风淳

外叔鼎

西周早期

陕西岐山县青化镇丁童村南出土

推荐星级：★★★★☆

1952年的一天，地处古老周原大地岐山县的5个农民挖出了一尊鼎，他们曾想把这200多斤当成破铜烂铁卖掉，当时可以卖600多元，这在那个年代可是一笔巨款，但当他们得知这是文物后却主动上交给国家。虽然当时他们每人只获得一条毛巾和一个印有“保护文物有功”的搪瓷缸及奖状，但他们这种保护文物的精神世代相传。现在，这尊鼎因其巨大的形体，与大盂（yú）鼎、大克鼎并称中国三大鼎。

外叔鼎又称为“镬（huò）鼎”，仅用来烹煮大型牺牲等。器内壁铸两行6字铭文：“外叔作宝尊彝”。铭文字体端庄，笔势圆中带方，是西周金文杰出的典范。

显赫身袭富敌国

函（圅）皇父鼎

西周晚期

陕西扶风县法门镇上康村窖藏

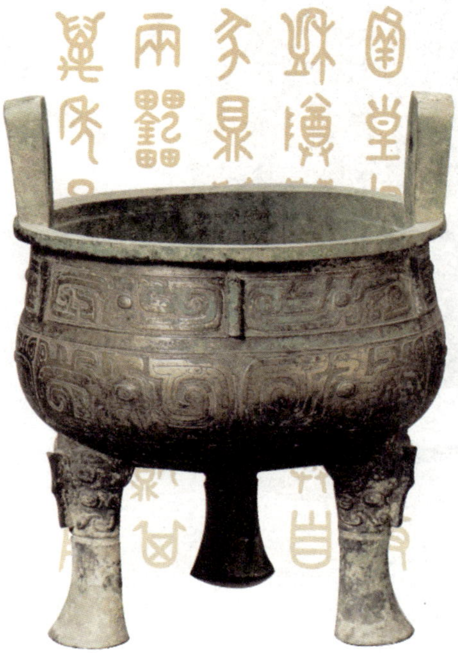

此鼎腹壁内铸有 37 字铭文，记述了函皇父为他的女儿（妻子）做了一整套青铜器嫁妆，希望能作为传家宝。铭文中记述了这些器物的类别和数量，有鼎、簋、罍、壶等，为研究西周晚期青铜器的组合提供了珍贵的资料。

函皇父为周公后裔，是烽火戏诸侯的那位周幽王的卿士和宠臣，总管王朝政事，位列百官之首，可谓是一人之下，万人之上。所以函皇父为女儿（妻子）订制奢华的嫁妆也就不足为奇了。

第三单元 东方帝国

秦（公元前770年—公元前207年）

秦国（公元前770年—公元前221年）

秦代（公元前221年—公元前207年）

秦人是华夏族的一支，曾活动于今甘肃天水地区。周平王东迁后，秦人以陕西为根据地迅速发展壮大。公元前221年，秦始皇统一中国，开启了中国历史上第一个统一的中央集权制国家，其政治、经济、军事诸制度垂范后世。以兵马俑为代表的秦代文物，以磅礴的气势和鲜明的军事特征，显示出秦人强烈的开拓意识和进取精神。

万抹青中一点红

嵌红铜蟠虺（huǐ）纹虎耳铜壶

春秋

陕西西安鄠邑区黄堆村出土

推荐星级：★★★☆☆

该壶采用的是嵌错红铜的装饰手法，这种工艺从春秋中晚期开始流行。红铜即纯铜，延展性能好，易于嵌错。其色紫红，可与青铜形成色彩和光泽的反差对比。

这类虎形双耳圆腹铜壶，盖顶有的作圈形，有的作莲瓣形，有的为镂空装饰，是春秋晚期三晋地区的典型器物。

祈盼天鸡弄和风

鸟盖瓠（hù）壶

战国
陕西绥德县废品站拣选
推荐星级：★★★★☆

此壶因其盖为鸟形、身为瓠瓜形而得名。鸟盖装饰极为繁复，鸟为盘冠、尖喙；嘴部装有环扣，可以启闭；双翅与尾翎清晰可见，尾翎下部环内套有链条，与壶鋬（pàn）相连。壶腹上饰相间的 5 道宽带纹和 6 道蟠螭纹，蟠螭纹细密繁缛、交错缠绕。

瓠瓜又称“天鸡”，古人笃信天命，把祭祀用的礼器作成瓠瓜形，象征瓠瓜星，而壶盖上的“鸟首”似为“天鸡”，可见此壶应是与祀天有关的重要礼器。

此壶造型别致、工艺精湛、内涵丰富，是春秋战国时期一件罕见的艺术珍品。

时迁运去铜龙歇

青铜龙

战国

陕西西安公安局移交

这条龙被文物贩子肢解为八块，考古专家最终将其复原为两条盘曲缠绕的青铜龙：头略呈方形，身饰鱼鳞纹，尾部盘旋为中空锥体；龙体分铸焊接成型，形体巨大，具有强烈的震撼力。

从目前残存的形制，学者们对原物的推测有几种：有人认为它属于祭祀礼器，有十条龙，两条缠绕为一组，代表四个方向；也有人认为是大型乐器的底座，且现存部分仅为原器物的四分之一。不管是哪一种意见，都体现出秦人好大尚雄的审美追求和宏大气势。龙身上的鳞纹和龙足上的圆点纹流行于春秋战国时期，据此这件青铜龙被专家认定为战国时期秦国的遗物。

虎符即出多猛士

杜虎符

战国
陕西西安南郊山门口出土
推荐星级：★★★★★

“符”是中国古代常用的一种信物，一般分为两半，两半相合可为凭证，现代汉语中“符合”一词即来源于此。古代兵符多制成虎形，故名虎符。

此虎符背面有槽，颈有一小孔，虎作走动形，尾端卷曲，作猛虎急奔状。身上有 40 个错金小篆铭文，大意是：虎符分左右两半，右部分掌握在国君手里，左部分掌握在驻扎在杜地的将军手里。如果将军要调配 50 人以上的兵力，须先报告国君。国君派使者送来右半部分，和左半部分对合无误后，才能调兵遣将。

考古大发现：秦始皇陵

秦始皇陵位于陕西省西安市临潼区骊山北麓，是中国历史上第一位皇帝嬴政（前 259—前 210）的陵墓。1962 年，考古人员对秦始皇陵园第一次进行了全面的考古勘察，绘制出了陵园第一张平面布局图，引起考古界轰动。丞相李斯为陵园的设计者，共征集了 72 万人力，动用修陵人数最多时近 80 万。秦始皇陵因其所展现的严密的结构布局、高超的设计思想及秦代科技文化的巨大成就，被誉为“世界第八大奇迹”。

1974 年 1 月 29 日，位于秦始皇陵东侧的大型陪葬坑——兵马俑被发现。现已发掘了四个陪葬坑，面积共 2.5 万余平方米。坑内随葬大量与真人真马同等大小的陶制彩绘兵马俑和当时实战使用的各种兵器，出土文物达万件之多。1987 年秦始皇陵被列入《世界文化遗产名录》。

弯弓挥刃统六国

跪射俑

秦

陕西西安临潼区秦始皇兵马俑二号坑出土

人殉这种丧葬制度在殷商时期最为兴盛，春秋战国时期葬俗发生了变化，出现了以陶俑或木俑来代替人殉的风尚。

秦兵马俑就是以俑代人殉葬的典型，也是以俑代人殉葬的顶峰，其数量之多、造型之美、技艺之精，一出土即震惊世界。

跪射俑是所有出土的兵马俑中，唯一发现时就极其完整的兵马俑，其铠甲上还残留有红色彩绘，十分珍贵。

该跪射俑四周分布着立射俑，所持武器为弓弩。战斗中立射士兵射击完后蹲下，跪蹲的士兵站起接续射击，不给敌人可乘之机，这也是秦军在战争中常常获胜的重要因素之一。

天地阔远铸铜权

高奴铜石权

秦
陕西西安西郊高窑村出土
推荐星级：★★★☆☆

权，古代衡器，相当于天平上的砝码，“权衡”一词即来自于此。“石”是秦代的计量单位，当时一石为 120 斤。高奴，县名，属上郡，故城在今陕北延川县境。

此权正反两面有铭文，正面介绍了冶铸机构的监造者、铸造者以及此权的“生产日期”；反面是秦始皇二十六年统一度量衡时所刻以及秦二世元年重刻的诏文，颂扬始皇功德。

大国气势瓦当王

夔纹瓦当

秦

陕西西安临潼区秦始皇陵出土

瓦当，是指古代中国建筑中覆盖建筑檐头筒瓦前端的遮挡。秦代瓦当图案多饰水涡纹，此半圆形瓦当上所饰夔纹由连续变形的夔纹构成，形态饱满，线条粗犷奔放，立体感强，因体量巨大被誉为“瓦当王”。使用如此庞大瓦当的殿宇建筑，展现了秦始皇陵园建筑的宏伟气势和秦朝泱泱大国不容侵犯的国威。

马不能言意自知

跽（jì）坐俑

秦

陕西西安临潼区秦始皇陵马厩坑出土

《汉语大辞典》载：“跽：长跪。两膝着地，上腿和上身挺直而跪。”商代开始，跽坐被定为供奉祖先、祭祀神灵、招待宾客的礼仪，后来周人又把跽坐定为标准社交坐姿，经春秋战国、秦汉一直延续到三国魏晋时期。

该跽坐俑为男性，与其一起出土的有陶罐、陶灯等工具，大多有“大厩（jiù）”“宫厩”等字样，可知这个陪葬坑是秦宫厩苑的象征，跽坐俑是饲养马的仆役，其面前放置的陶灯说明他们在夜晚也要照料马匹。

人马同坑说明秦宫廷厩苑内往往是每匹马配备一名饲养员，保证每匹马都能得到精心的照料，他们正是保证大秦兵马强壮的后勤部队。

陕西古代文明（2）

第二展厅平面示意图

您当前所在位置
You are here
第三展厅
Exhibition Room 3
第四展厅
Exhibition Room 4
第六展厅
Exhibition Room 6
出口
Exit
游客服务区
Cafe and Public Program Area
第二展厅
Exhibition Room 2
唐代壁画珍品馆
第五展厅
Exhibition Room 5
第七展厅
Exhibition Room 7
文创商店
Museum Shop
团队入口
Tour Group
接待室
Reception Room
入口
Main Entrance

第二展厅参观路线

Visitor Route for Exhibition Room Two

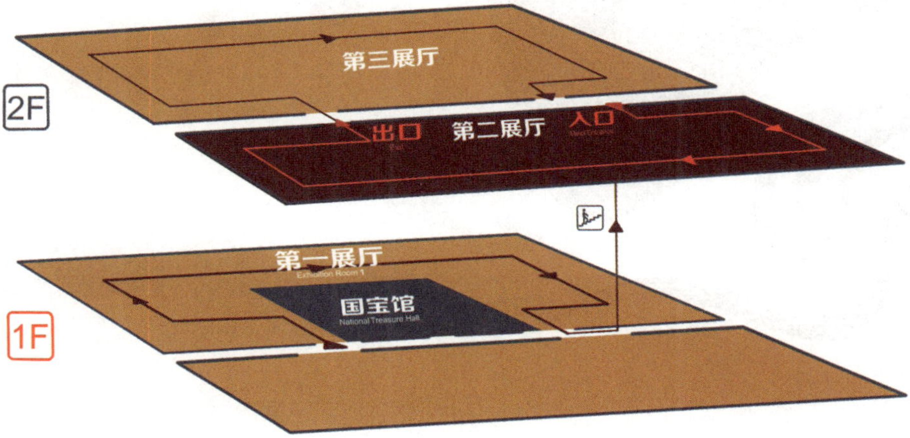

第四单元 大汉雄风

汉（公元前202年—公元220年）

西汉王朝定都长安，开创了中国古代社会的第一个盛世。随着丝绸之路的开通，作为丝路起点的长安城日渐成为东亚文明的中心和著名的国际大都会，中国因此第一次以一个强盛国家的姿态从长安走向世界。汉都长安、汉家陵阙和大量汉代文物，从多方面再现了当时发达繁荣的社会经济、丰富多彩的社会生活、雄浑博大的文化艺术以及蓬勃向上的时代精神。

方寸印玺显尊贵

皇后之玺

西汉

陕西咸阳韩家湾狼家沟出土

推荐星级：★★★★★

这方玺印是1968年咸阳韩家湾公社的一名13岁学生偶然发现的，由他的父亲交给文物专家鉴定后，被收藏在博物馆里。

玉印为羊脂白玉琢制而成，玉质莹润，洁白无瑕。印体为正方形，边长约合汉代的一寸，是典型的“方寸玺”。印钮为一只高浮雕的螭虎形象，螭虎腹下对钻一孔，用以穿带系佩。印体四侧雕有卷云纹，印面阳刻篆书“皇后之玺”四字，印面布局疏朗，笔画刚劲流畅，字体结构工整大方，体现出汉代较高的治印水平。从印文风格和发现地位于汉高祖长陵附近等特点综合判断，该印极有可能就是大名鼎鼎的吕后曾用之印。

我国最早的印章实物发现于安阳殷墟，是商代晚期的物品。秦之前，玺与印不分，一般官印、私印均可称玺。秦统一后，确立玺印制度，规定帝后印章称“玺”，其余均称“印”。据古籍记载：“皇帝六玺，皆白玉螭虎钮。”还记载：“皇后之玺，文与帝同。皇后之玺，金螭虎钮。”

“皇后之玺”是迄今发现的唯一一枚汉代皇后的玉玺，是国家禁止出国（境）展览文物之一，对研究秦汉帝后玺印制度有着十分重要的价值。

金炉香烬残梦远

竹节熏炉

西汉

陕西咸阳兴平市茂陵东侧葬坑出土

推荐星级：★★★★★

这件熏炉为青铜质地，通体鎏金鎏银。熏炉的底座上透雕着两条蟠龙，昂首张口咬住竹柄。竹节形的柄分为五节，节上还刻着竹叶，柄的上端有三条蟠龙将熏炉托起。炉体上部浮雕四条金龙，龙身从波涛中腾出。整件熏炉共有九条龙装点其间。“九”在我国古代是象征最高的数字，是皇权的一种体现。

根据炉盖下缘外侧和底座圈足外侧的铭文可知，此炉是西汉皇家未央宫的生活用器。但根据同时出土的铜器上刻有“阳信家”字样，可知这批器物属于阳信家。

未央宫的器物为什么为阳信家所有呢?

根据文献记载，汉武帝时称“阳信”者，只有其姊阳信长公主。阳信长公主即平阳公主，是汉武帝刘彻的同胞姐姐，她从小就对弟弟关怀备至，所以深得刘彻的敬爱。阳信长公主先嫁汉代开国功臣曹参之后曹寿，后嫁抗击匈奴的名将卫青。所以一般认为，是汉武帝将这件精美的熏炉赏赐给其姐姐的。

这件熏炉之所以用“博山”之形，是因为秦汉时期传说东海有蓬莱、方丈、瀛洲三座仙山。西汉时，封建帝王为了求得长生不老之术，大都信奉方士神仙之说，博山炉就是在这种风气影响下产生的，并在汉代广为流行。“郎作沈水香，侬作博山炉”，这是我国汉晋六朝文人对熏炉和香熏所作的隐喻吟咏。在历代焚香器具中，以汉晋流行的博山炉最为精致、工巧，竹节熏炉就是这个时期最为精湛的博山炉之一，两千年前古人的雅致生活由此可见一斑。

长乐未央祈吉祥

“长乐未央”瓦当

西汉

陕西西安汉长安城遗址出土

在古代建筑材料中，汉代的瓦当极负盛名，这一时期的瓦当上增加了文字和图案装饰，不仅可以蔽护建筑物檐头，而且更加美观，人们对美好生活的愿景也借由那些祈福告语得以凸显。

“长乐未央”的寓意大致有两种：一种认为这种瓦当表达了人们希望快乐无止境的美好愿望；另一种认为，长乐未央是长安城中最重要的两个宫殿名，分别是太后和皇帝的居住之地，瓦当可能是以宫殿名命名的。

遥远的家园：汉长安城遗址

汉长安城遗址位于陕西省西安市未央区大兴西路。长乐宫、未央宫、建章宫是汉长安城最著名的三大宫殿。这里是古丝绸之路起点，有“东长安，西罗马”的美誉，也是当时世界上规模最大的城市。

1961 年，汉长安城遗址被列为第一批全国重点文物保护单位。

2014 年，汉长安城未央宫遗址作为“丝绸之路：长安——天山廊道的路网”的一处遗址被列入《世界遗产名录》。

四方神灵守安宁

四神瓦当

西汉
陕西西安汉长安城遗址出土

汉代瓦当图像以“四神”最具时代特色。商代，人们把天空四方的星象奉为“四神”——东方青龙、南方朱雀、西方白虎、北方玄武。到汉代，四神出现在瓦当及铜镜上，具有驱邪除恶和镇宅吉祥的意义。

中国古代建筑多为木质结构，容易发生火灾。而古人认为北方属水，玄武是北方之神，具有灭火的能力，因而玄武图案多出现在仓廪、武库等建筑物上。

陶俑身穿三重深衣，双臂合拢置于腹前，袖手肃立，这是秦汉时期下级官吏候命时的典型姿势。

深衣指将上衣下裳连在一起的服装，因“被体深邃，故谓之深衣”。这种深衣通身紧窄且不开衩口，为了便于举步，同时也为了遮掩身体，所以下摆采用曲裾的形式。男式深衣的曲裾只略向后斜掩，女式深衣的曲裾却向后缠绕数层，其目的都是为了以示庄重，不露私污。衣袖有宽窄两式，袖口大多镶边。衣领部分很有特色，通常用交领，领口很低，以便露出里衣。如穿几件衣服，每层领子必露于外，最多的达三层以上，时称“三重衣”。

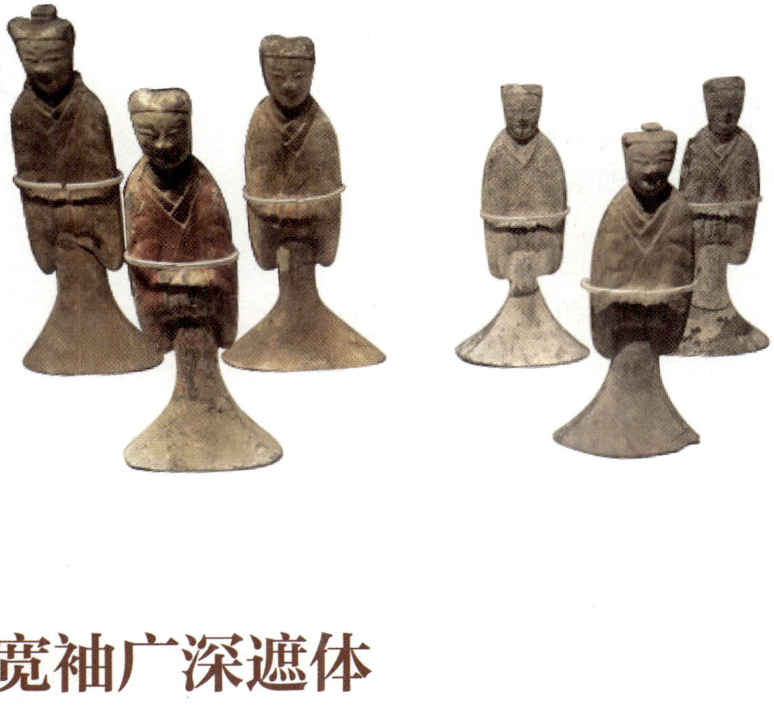

袍宽袖广深遮体

彩绘扁身男立俑

西汉

陕西西安灞桥区洪庆村出土

身后猛士八面威

彩绘步兵俑

西汉

陕西咸阳杨家湾汉墓出土

这些步兵俑头包巾帻，身穿红色至膝长襦，膝下裤筒裹在绑腿内。右手半握拳上举，持有的武器已丢失。汉承秦制，陪葬步兵在汉墓中大量存在，虽不及秦兵马俑威武高大，但阵容整齐，不失大汉帝国的威肃之气。

这些步兵俑出土于咸阳杨家湾的两座汉墓，属于汉高祖长陵的陪葬墓。关于这两座墓的主人有汉代初年著名大将周勃、周亚夫说和周勃夫妇说两种。西汉皇帝即位之初，便开始建造自己的陵墓。西汉帝陵共 11 座，其中 9 座建在渭河北岸的咸阳原上，东西横亘百余里，气势恢宏，蔚为壮观。

考古大发现：长陵

长陵位于陕西省咸阳市渭城区窑店镇三义村北，是汉高祖刘邦与皇后吕雉的合葬墓。高祖陵居西，吕后陵居东。国宝之一的皇后之玺便是出自这里。

脍炙人口凭烤炉

上林铜方炉

西汉

陕西西安雁塔区延兴门村出土

推荐星级：★★★☆☆

这件炉上下两层，上面是炉下面是盘，炉和盘均有短足。上面长槽形的炉底部有长条形的空隙为炉箅，用以保证炭火接触到充足的氧气，也可使炭灰能掉入下面的铜盘中便于清理。这件铜方炉的设计与现代烧烤炉如出一辙，可以说是烧烤炉的鼻祖。

这件铜炉炉沿有 42 字铭文，为两次刻成。铭文不仅记载了此炉的尺寸和重量，还记载了此炉原属弘农宫之物，后调至上林荣宫使用的沿革，对研究西汉时期的宫廷生活具有重要的参考价值。

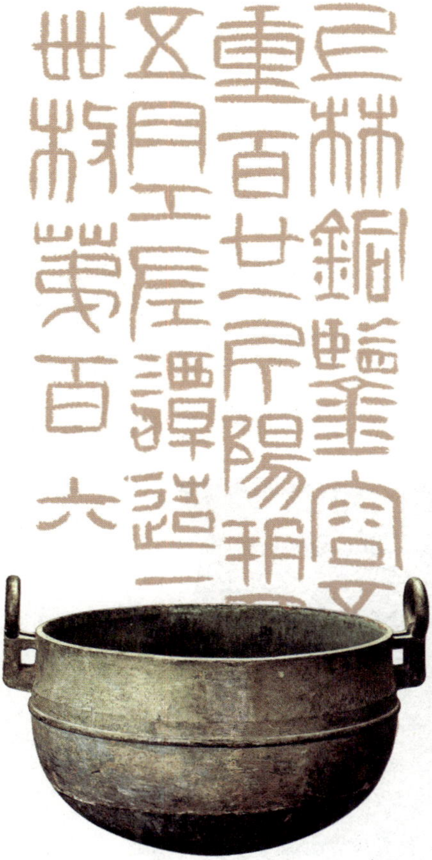

匠以铸名天下传

上林铜鉴

西汉

陕西西安三桥镇高窑村窖藏出土

鉴在古代主要用以盛水和盛冰，盛水是为了防火，盛冰则是为了防暑。盛夏时节，还可以在盛冰之后将食物放在其中以防食物腐坏。

器外壁口沿下的 29 字铭文记载了铜鉴的容量、重量、铸造时间、产品编号、同批铸造的铜鉴数量以及工匠李骏的姓名。有一件上林鼎也出自李骏之手。据记载，在两年多的时间里，他铸造了 240 件铜鉴和 500 件鼎，说明李骏是当时上林苑里一名非常高产的工匠。

神秘的宝藏：高窑村窖藏

1961 年，在西安三桥镇高窑村发现一个椭圆形、距地面 50 厘米、深 2 米的坑，坑内共出土铜器 22 件。其中，除一钟无铭文外，其余器物均有铭文，且多有“上林”字样，如上林镒、上林鼎、上林钟、上林钫、上林绢等。

从器型及铭文看，这批铜器为西汉晚期产物，坑内同时出土西汉砖瓦、陶片及西汉晚期五铢钱 1 枚、铁雷 1 件。

上林，古宫苑名。秦旧苑，汉初荒废，至汉武帝时重新扩建。据《三辅黄图·苑囿》记载：“汉上林苑，即秦之旧苑也。《汉书》云：‘武帝建元三年，开上林苑……北绕黄山，濒渭水而东，周袤三百里。’离宫七十所，皆容千乘万骑。”

一染一盘一人餐

染器

西汉
陕西咸阳兴平市出土

这件汉代人的生活用器用青铜铸成，从上到下由三部分构成：活动的杯盘、炭炉主体、承接炭灰的盘。

《礼记·曲礼》中载，古人食酱惯于凉食，并不需温热。汉代人反其道而行之，造专门温酱的炉具，便是这种染器。染，即染指，也就是“蘸”的意思。汉代人煮肉时一般不放调料，将肉煮熟后在进餐时分给个人，个人吃的时候再在热酱中濡染以调味。整器精致小巧，这可能与汉代分餐制有关，可见智慧的先民早在汉代便有卫生安全意识了。

泥土砖瓦见辉煌

“延年益寿，与天相侍，日月同光”方砖

西汉

陕西西安未央区六村堡出土

这块长方形陶制方砖是建章宫建筑脊饰构件，上有“延年益寿，与天相侍，日月同光”12字阳文篆书。

建章宫是汉武帝太初元年建造的宫殿，位于未央宫西侧，汉武帝一度在此朝会、理政。建章宫规模宏大，有“千门万户”之称，可惜毁于新莽末年的战火中，目前现存的建筑遗址有建章宫前殿、神明台、双凤阙的夯土台基等。

盛酒纳粟用途广

彩绘陶锺（zhōng）

西汉
馆藏
推荐星级：★★★★☆

锺原是盛酒器，从西汉开始，锺开始作为盛放粮食的容器被广泛使用，并有容量规定。陕西历史博物馆收藏有一组五件西汉青瓷锺，器型由小至大，等量递增，表明当时锺的大小有不同的容量规定。

锺也作为随葬器在汉墓中大量出土，所见以彩绘陶锺、釉陶锺、青瓷锺为多。这件彩绘陶锺色彩鲜艳，装饰独具风格，是研究汉代物质文化史的重要实物资料。

天圆地方有规矩

四神规矩纹镜

规矩镜是汉代最有名的镜类之一，但对其规整的布局和神秘莫测的“TLV”纹饰含义，学者也是众说纷纭。

有学者认为，镜面的布局符合中国道家“天圆地方”的思想，圆形的云纹镜缘代表宇宙；中间的方形代表大地；方形四边的“T”形饰应为山海经中所说的“天柱”，众民因有天柱的支撑才得以安居乐业；正对方形四个角的“V”形符号，被认为代表的是“规”——画圆用的圆规；四个“T”形正对的“L”形，被认为代表的是“矩”——木工画线或测量用的角尺。所以，纹饰的寓意表达的是“无规矩不成方圆”。

清月长空有蝉鸣

玉蝉

汉代
陕西西安东郊出土

蝉为白玉质，腹部磨平，两侧缘各有两个穿孔。蝉头部隆起，双目外突，背部鼓起，尾部尖圆。头、双翼、尾均用阴线雕出纹饰，使轮廓和细部有机地融合成一体。

蝉因其蜕变的生理现象，在远古被人们视为生生不息的象征。商周时期人们把蝉当作一种祥瑞之物，蝉纹成为当时主要装饰纹样之一。商周时期发现的玉蝉也大都是佩饰，出土于墓葬中，被放置在人身边或身上，都有串线的小孔，系亡者生前佩戴之物，死后随葬入棺。此风一直延续到汉代。

为了让死者吸纳美玉的“精气”，求得生命的再生与灵魂的不朽，汉代的丧葬用玉发展到了极致。另外，蝉还被古人视为纯洁、清高、通灵的象征。

玉璧苍翠祈丰年

谷纹青玉璧

西汉

陕西西安周至县出土

玉璧上满饰浅浮雕谷纹，谷丁排列整齐，分布均匀。

玉璧自 7000 年前的新石器时代即开始流行，至汉代依然盛行不衰，当时除用作祭祀之外，也用以朝聘等礼仪场合。汉代的玉璧多以青白玉制成，纹饰种类多样，其中的谷纹玉璧有祈求五谷丰登的美好含义。

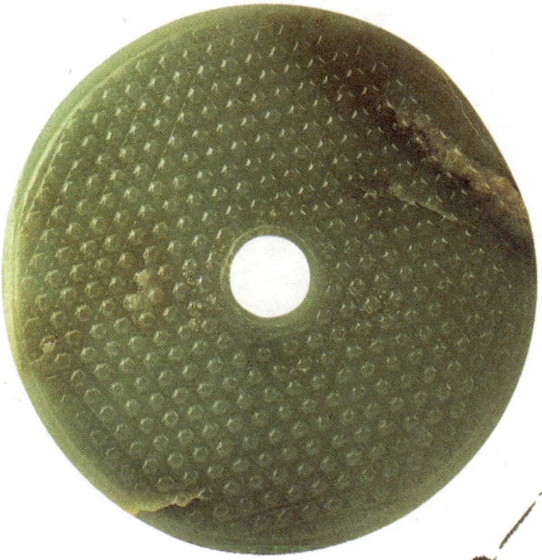

金饼灿灿人未还

金饼

西汉
陕西西安未央区出土

金饼，以其为圆形饼状而得名，起源于战国时期，西汉至新莽时期较为流行，是当时仅用于赏赐、馈赠以及大额交易的黄金货币，因此也被称为“上币”。

1999 年，西安北郊的一个工地共出土了 219 枚这样的金饼。金饼每枚重 245 ~ 249 克（约为汉代一斤的重量），纯度达 95%，表面有多种戳记。

这批金币的出土地离汉代的长安城不远，从其埋藏状况看属于非正常埋藏，因此有学者根据金饼的形制特点和埋藏情况推测，金饼可能与新莽末年的战乱有关。王莽建立新朝之后曾下令“列侯以下不得挟黄金”，实行黄金国有政策，使得黄金的国有储量达到顶峰。新朝末年王莽被杀，国库中的黄金尽散于民间。这批金饼可能是被狂徒们抢夺后草草埋藏，准备日后享用的。

幽冥路上不受困

小五铢钱

西汉
馆藏

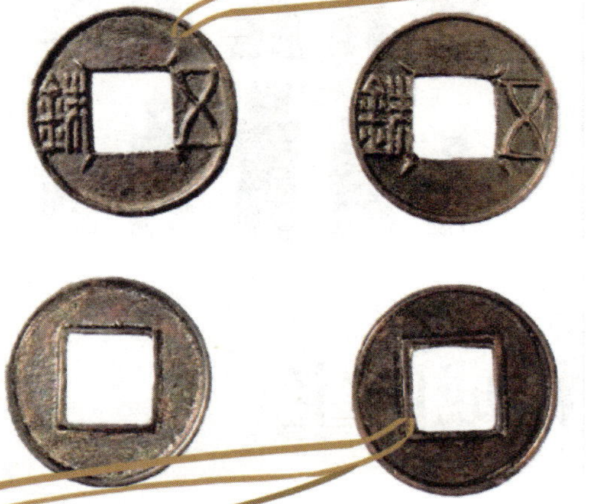

五铢钱是中国古代的一种铜制货币，因钱上有“五铢”篆字而得名。

小五铢俗称“鸡目钱”“鹅眼钱”，由其形小而得名，约于西汉武帝元鼎四年开始铸造。这种钱及钱范出自西汉时期的墓葬或遗址中，就其出土位置及出土时成串出现的现象看，它们可能是皇室特铸的冥币而非流通货币。

形特艺精成国宝

新莽货币

新莽时期
馆藏

新莽货币指西汉末年到新朝时期王莽币制改革所发行的一系列货币。

西汉末年，王莽篡权，在位十余年进行了四次货币改革。他以“托古改制”为名，借鉴春秋战国各国货币的形制，在形制上予以“创新”。更重要的是他通过推行主、辅币相结合的“宝货制”，以钱小价高的方式剥削民众财富，致使当时币制混乱，经济遭受重挫。

王莽的币制改革虽然失败，但钱币艺术和铸造技术却达到了一个高峰。莽钱已采用铜模、石范、陶模来浇铸钱币，其技术之高超、程度之精致，几乎可与清朝后期由外国机器铸造的钱币相媲美。

莽钱是王莽实行黄金国有政策的产物，当时很少在市面流通，存世极罕，堪为国宝，是驰名中外的古币大珍。

安坐竹席品香茗

鎏金铜虎镇

西汉
馆藏

这对俯卧造型的虎形镇是古人用作压席角的工具。在高架家具传入中国之前，人们习惯于席地而坐，用藤子、芦苇等编织成席子，但因席子起身时容易移动和卷边，席镇应运而生。

战国时，席镇就已经非常流行，但制作精美的席镇多出自汉代。席镇多以青铜制成，有的还饰以鎏金或错金银工艺，其形制以动物形居多，有虎、豹、羊、鹿、熊、蛇等，不乏生动优美的作品。青铜席镇在汉代王公贵族的生活中很常见，除实用功能外还被赋予了辟邪祛恶的用途。

鱼羹稻饭家常餐

双鱼铜杅（yú）

西汉
陕西西安出土

杅是古代的水盆或者盛浆汤的器皿，这件双鱼铜杅应是汤盆。鱼是一种繁殖力很强的生物，再加之“鱼”与“余”同音，所以鱼纹图案常被人们赋予多子多福的寓意，寄托着古人的美好意愿。

从军作伴立战功

蒜头扁壶

西汉

陕西咸阳武功县出土

蒜头扁壶因为壶口似蒜瓣而得名。这种壶口造型的器具起源于战国晚期的秦国地区，是秦文化的一种代表性器物。秦及汉初，随着秦汉统一战争的进行，这种蒜头壶也传播到全国各地。在这一过程中，蒜头壶的腹部逐渐由圆腹变为扁腹，圈足也由低变高。蒜头壶小口细颈的造型，保证了壶的密封性，因此学者们普遍认为，这种壶可能主要用作军旅中的酒壶或水壶。

清洁环保融巧思

彩绘雁鱼灯

西汉

陕西神木出土

推荐星级：★★★★☆

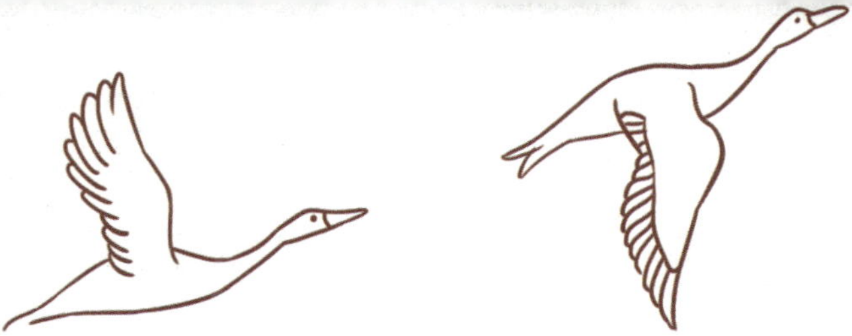

这件灯整体为一只大雁回首衔鱼的造型，因此称为雁鱼灯。雁鱼灯由衔鱼的雁首、雁身、灯罩及灯盘四部分组成，每部分均可拆卸清洗。雁首和雁颈中空与雁身相通，为灯的导烟管，雁腹内盛清水，燃烧的油烟由鱼腹经雁颈烟管溶入雁腹水中，减少油烟对室内的污染——2000 多年前古人就创造出这种集精巧设计和环保于一体的器物，令人赞叹。

大雁是季节性迁徙鸟类，在古人心中是诚实守信、忠贞不渝的象征，大雁造型的灯在汉代十分流行，多用于婚嫁、聘问之礼。

春蚕食叶响回廊

鎏金铜蚕

西汉

陕西石泉县前池乡谭家湾出土

推荐星级：★★★★★

鎏金铜蚕全身首尾共计九个腹节，细节完整，比例适度，制作精致，造型逼真。

汉代的养蚕缫丝业十分发达，大作坊均为官府经营，织工多达数千人。丝织品颜色鲜艳，花纹多样，做工极为精致，不仅畅销国内，而且途经西亚远销中亚和欧洲，从而使中国通往西域的商路以“丝绸之路”驰名世界。

鎏金铜蚕的出土地石泉县位于秦岭南部，气候温暖湿润，据《石泉县志》记载，此地古代养蚕业非常兴盛。鎏金铜蚕的出土不仅印证了史书的记载，也是汉代整个桑蚕、丝织品生产状况及“丝绸之路”的重要象征和实物见证。

奇兽光灿冠群雄

金怪兽

汉代

陕西神木纳林高兔村出土

推荐星级：★★★★★

这件黄金制品之所以被称为怪兽，是因为它是多种动物的集合体：嘴似鹰、体似羊、角似鹿、尾如蝎。仔细观察还会发现，怪兽的两只抵角是由两两身相连、背相对的16只小鸟组成的，而且怪兽蝎形的尾巴也是一只小鸟的样子。因此，这件小小的怪兽身上竟隐藏了17只小鸟。学者们根据金怪兽底盘上的小孔，推测其可能是匈奴族首领帽上的冠饰。

第五单元 冲突融合

魏晋南北朝（220—581）

魏晋南北朝时期，战乱频发，政权更迭。北方各少数民族在陕西角逐、冲突、融合，农业文明与草原文明在交流和互补中共同进步。处于战乱中心的关中地区，更成为文明荟萃的大熔炉、民族融合的大舞台。佛教东渐、西风东来，浴火重生的古老文明为进一步的发展与繁荣打下了坚实的基础。

农耕作战两不误

彩绘胡人持盾武士俑

西魏

陕西西安长安区鲍陂村赵超宗墓出土

西魏是仅仅存在了 20 多年的一个地方性王朝，但它的府兵制影响较为深远。

550 年，西魏权臣宇文泰设立了八柱国（大将军），正式开创了府兵制。府兵不入民籍，另立军籍从属于各自的统帅，平时耕地，农闲训练，战时从军打仗。府兵制的建立，增强了西魏政权的军事实力，这项制度一直延续到唐玄宗时期。

这件武士俑头戴兜鍪（móu），上身穿裲（liǎng）裆铠（坎肩式），下着裤子和长靴。左手曲臂持盾，右手下垂似握兵器，周身和盾牌涂红彩，虽历经千余年依然可以感受到他的威严。

金印虽小显怀柔

“晋归义羌王”金印

晋

西安特艺公司送交

推荐星级：★★★★☆

印为金玺、驼钮，正方形印面阴刻篆书“晋归义羌王”五字。晋归义羌王，即归附于晋朝的羌王。

魏晋时期，北方的少数民族借天下大乱之际群起争雄，自称王侯者屡见不鲜。但是部分羌族首领，始终认为晋朝是正统，并归附晋朝，于是朝廷给他们颁赐官印以示怀柔，这枚金印即是西晋朝廷颁赐给归顺羌王的印玺。

魏晋时期颁给少数民族的官印大致有几个特点：多有“魏”“晋”字样，多有族名，多用“率众”“率善”“归义”等字样，印钮多为驼钮。

中国最牛老丈人

独孤信多面体煤精组印

西魏
陕西旬阳县城东南出土
推荐星级：★★★★★

这枚印章由煤精刻制而成，由 26 个大小不一的正方形和三角形组成多面体，其中 14 个正方形印面上刻着楷书阴文。根据印文内容，它主要有三个用途：公文用印，上书用印，书简用印。

这枚印章的主人是西魏八柱国之一、鲜卑族上层人物独孤信，原名独孤如愿。从印章的印文可知他是一位身兼数职的高官。然而他不仅自身战功赫赫、儿子均为高官，他的女儿们也很厉害。他七个女儿中有三个嫁给了皇帝或太上皇，其中大女儿嫁给了北周明帝，成为明敬皇后；七女儿嫁

给了隋开国皇帝杨坚，谥号文献皇后；四女儿嫁给了唐代开国皇帝李渊的父亲。独孤信成为连续三个朝代的国丈或太上国丈，他也因此被戏称为“中国古代第一老丈人”。

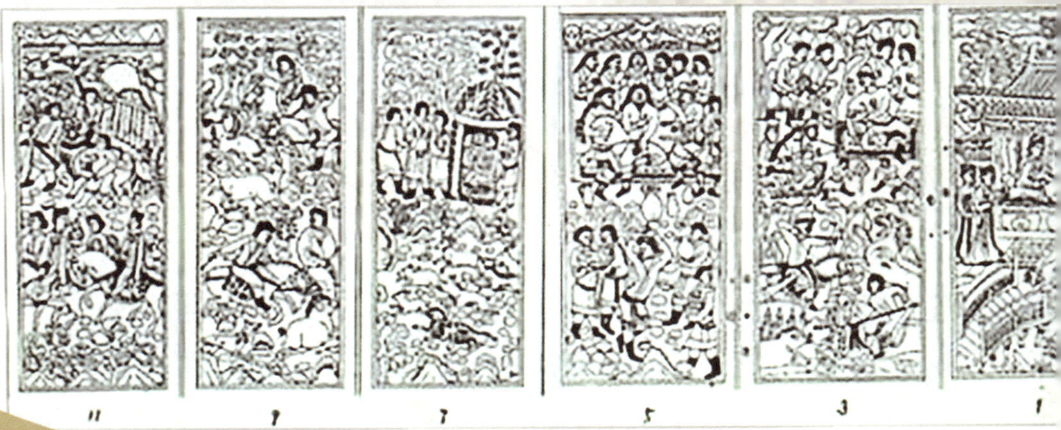

一世荣华落他乡

彩绘贴金安伽墓围屏石榻

北周

陕西西安未央区炕底寨村

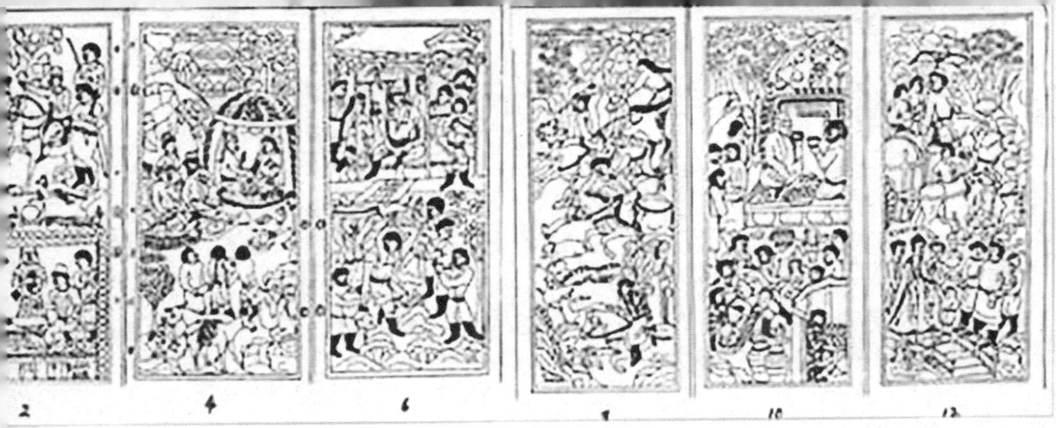

围屏石榻出土于西安北郊一座北周时期的墓葬，墓主人是粟特贵族安伽。该围屏石榻周身由屏风、榻板、榻腿组成，屏风与榻板以榫卯结合，屏风竖立于榻板之上的左、中、右三侧。屏风、榻沿、榻腿上布满线刻和贴金彩绘。屏风上主要刻绘墓主人安伽作为萨保的生活经历，有出行、宴饮、舞蹈、狩猎、盟誓等场景；榻沿及榻腿上刻绘与祆教有关的动物和神灵形象。

粟特人是生活在中亚地区的民族，善于经商。他们不畏艰难险阻穿越沙漠、高原、雪山，沿着丝绸之路来中土做生意，久而久之定居中原。安伽在北周政府担任“萨保”一职，是北周政府专门管理来华胡人贸易和宗教事务的官吏，兼具世俗和宗教两重职责。

安伽墓是我国目前发现的年代最早的粟特贵族墓，其墓葬形制及壁画、石门、墓志等埋葬习俗与汉人相同，但围屏石榻及图像表现出墓主的祆教信仰和生活习俗。粟特人的葬俗为天葬和火葬，石榻是出于墓主在地下举行祆教仪式或宴饮之需要而设的，并不是置放尸骨的地方——安伽的尸骨位于甬道中部。

俯卧只为擎光明

青瓷狮形烛台

北周
陕西安康紫阳县出土

我国用烛照明的历史十分悠久。据《楚辞·招魂》记载：室中之观多珍怪，兰膏明烛华容备。可见早在战国秦汉时已有各式精致的铜烛台了。到了两晋、南北朝时期，随着制瓷业的发展，出现了瓷制烛台且惯用动物造型设计。从考古发现的情况看，三国、两晋、南北朝时期流行狮形烛台、羊形烛台和骑兽俑烛台等。

翠娥云鬟为谁容

十字形高髻女俑

北魏

陕西西安草场坡出土

高发髻在视觉上可以增加女子修长玉立的美感，更能显示高人一等的身份，是一种提升自我尊贵身份的表现，所以魏晋贵族女性多用高髻。

这几个女俑身穿交领右衽上襦，红白间色长裙，袖手而立。头上的高髻分成四个方向倾斜，像一个“十”字，两边鬓发梳成蓬松对称的状态，极具时代特色。

考古小知识：草场坡

草场坡位于今天西安城区南部，唐时为长安官马草场。 狭义的草场坡指的是长安路南稍门和长安立交之间，路东侧的一条坡道；而广义上的草场坡，指的是从这条坡道开始，往南一直到南二环的这一大片区域。

1953 年发掘的草场坡一号墓形制完整、出土器物丰富，成为研究十六国时期墓葬必不可少的资料。专家根据出土器物组合、陶俑制作工艺综合判断，这座墓属于北魏时期，墓中陶俑为专门制作的随葬冥器。

醒来遥闻鼓角声

彩绘骑马吹号角俑

北魏
陕西西安南郊草场坡一号墓出土

这件吹号角俑手中所执的号角为北方少数民族常用的吹奏乐器——胡角。胡角多用牛角制成，起初是一种军用鸣器，用于军中联络或报警，后成为胡乐之一。《晋书·乐志下》记载：“胡角者以应胡笳之声，后渐用之横吹，即胡乐也。”

南北朝时期北方十六国混乱动荡，地方割据势力的加剧使丧葬制度混乱而缺乏统一规范，这一时期的陶俑工艺比较粗劣、人物比例不协调、缺乏细部刻画。

乱世清音如晓梦

坐姿女陶俑

十六国
陕西咸阳平陵 M1 号墓出土

这组女坐俑梳着高高的发髻，面容娴静姣好，或吹笛，或击鼓，或弹琴，好似正在演奏一支和谐的曲调。十六国存在历史时期短，政权交替频繁，所以考古发现的十六国时期的文物较为少见，这组文物为研究十六国时期的历史提供了宝贵的参考资料。

独角镇墓庇幽冥

独角兽

北朝
征集

独角兽也称“獬豸”（xiè zhì），传说它的角专抵执法不公之人，因此成为象征司法公正的神兽。独角兽作为镇墓兽最早出现于东汉时期的墓葬中，用以驱邪镇墓。

丧葬是生命的尽头，同时也是灵魂重归自然的开始。古人认为死后灵魂依然会受到恶鬼侵扰，所以我国很早就有为死者驱祟辟邪的风俗。秦汉时期流行以方相氏驱鬼，这可能是产生镇墓兽的缘由。

神秘年代尘覆盖

“神平三年”鎏金弥勒铜像

北魏

陕西西安西关机场工地出土

弥勒佛，也被称作“弥勒菩萨”。魏晋南北朝时期弥勒像身材修长，庄严肃穆。直到唐五代时期，弥勒佛的形象才演化成我们熟知的大肚和尚。

这座弥勒佛铜像通体鎏金，脸型清瘦，眉眼细长，头戴花蔓冠，外饰璎珞帔（pèi）帛，下着薄裙，盘腿交脚坐于束腰覆莲台上。据其后侧所刻铭文可知，此像造于“神平三年”，即 530 年。造像者名叫杨伏生，造此像是为了避祸求福。

陕西古代文明（3）

第三展厅平面示意图

您当前所在位置
You are here
N
第三展厅
Exhibition Room 3
第四展厅
Exhibition Room 4
第六展厅
Exhibition Room 6
出口
Exit
游客服务区
第二展厅
Exhibition Room 2
唐代壁画珍品馆
第五展厅
Exhibition Room 5
第七展厅
Exhibition Room 7
文创商店
Museum Shop
团队入口
Tour Group
接待室
Reception Room
入口
Main Entrance

第三展厅参观路线

Visitor Route for Exhibition Room Three

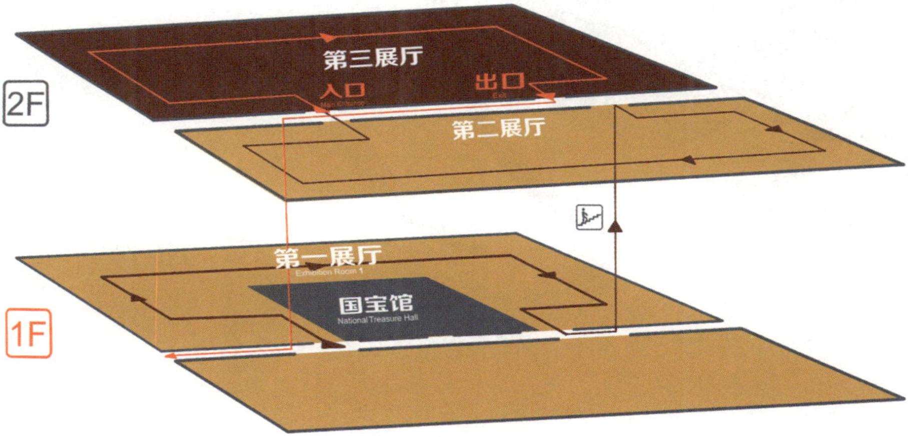

第六单元

盛唐气象

隋唐

（581—907）

隋唐时期，为隋朝（581—618）和唐朝（618—907）两个朝代的合称，是经历了魏晋南北朝长达近400年的大分裂、大动荡之后的两个大一统的王朝，是中国古代最辉煌的时期。隋唐时期的政治、经济、文化等都达到了前所未有的高度，国都长安（今西安）成为当时世界上规模最大、最繁华的都市，通过繁盛的“丝路”，中国与世界广泛交往。这一时期的陕西文物充分反映出大唐盛世兼收并蓄、创新发展的辉煌成就和时代风采。

跪到玉阶犹带露

彩绘跪拜女俑

唐

陕西西安郊区唐墓出土

这件女俑上穿窄袖长衫，下着束腰拖地长裙，头上梳着锥状高髻，双手和双膝触地，低头俯身作跪拜状——这种拜姿应为肃拜。

中国古代的跪拜礼共有“九拜”。《周礼·春官·大祝》中记载：“辩九拜：一曰稽首，二曰顿首，三曰空首，四曰振动，五曰吉拜，六曰凶拜，七曰奇拜，八曰褒拜，九曰肃拜。”

肃拜属于古代妇女跪拜礼仪中的一种，源于古人早期的席地而坐，所以称之为“原始肃拜”。这种“原始肃拜”在唐代并不多见，只适用于少数特殊场合。

轻梳云鬟对菱花

瑞兽葡萄纹菱花形银背镜

唐
陕西西安东郊韩森寨出土

此镜为八瓣菱花形，镜背贴嵌一层银片，纹饰由银片锤打而成。其中，内区以镜钮为中心，饰六组瑞兽，瑞兽间饰缠枝花纹；外区相间饰禽鸟、折枝花；边缘点缀流云纹。

这种银背镜属于唐代的一种特殊工艺镜，除银背镜外，还有金背镜。这种金、银背镜由于金银材质的映衬，显得格外熠熠生辉、华美富丽。

鸾鸟同心祝寿延

四鸾衔绥纹金银平脱镜

唐

陕西西安东郊韩森寨出土

这枚铜镜为圆形、圆钮。钮座周围饰花叶纹银片，其外为一周金丝同心结的连环纹。在此连环纹与镜缘的金丝同心结连环纹之间，饰以金片刻镂成的四只口衔绶带逆时飞翔的鸾鸟，金色鸾鸟在黑色镜背的映衬下华丽夺目。鸾鸟在古代是一种吉祥鸟，绶带代表长寿之意，环绕的同心结寓意永结同心，纹饰整体表达了人们对美好生活的向往和祝愿。

唐代铜镜铸造技术颇为发达，有金银平脱、螺钿、贴金贴银等多种工艺，特别是金银平脱镜更是唐代工匠在铜镜工艺上的创新之举。这种工艺是将金箔或银箔修剪成所需要的纹样，然后粘贴在镜背上，髹（xiū）漆数重，待漆干后再打磨抛光，露出金银纹样。金银平脱镜因色彩鲜艳、华丽富贵的装饰效果，成为皇亲国戚、达官贵人的重要生活用品和馈赠礼物。

青纱薄裙淡梳妆

彩绘持镜女立俑

唐
陕西西安长安区嘉里村裴氏小娘子墓出土
推荐星级：★★★★☆

盛唐的女性喜欢宽松舒适的衣服，将丰满的身躯掩藏在宽大的长裙里，再加上艳丽的妆容，变着花样地梳着各种发髻，如此，便是那个时代的经典造型了。

左边的女俑头梳乌蛮髻（jì），右手持一面带柄铜镜，侧头似要照面。身穿嫩绿色长袖衫，胸系红色曳地长裙，身姿婀娜，衣裙线条自然流畅，神态十分秀美洒脱。

右边的女俑头梳单刀半翻髻，坐在束腰形的座墩上，穿着唐代最流行的襦裙，这是上至宫嫔贵妇、下至百姓都颇为垂青的装束。这种明装的最大特点是上为短小襦衣，下为高腰束腰长裙，上衣短小而下裙曳地，可以使体态显得苗条修长。女俑左臂半举，手中似持铜镜；右手食指伸出，其余四指弯曲，似正在“对镜贴花黄”。

三彩半翻髻女坐俑

唐

陕西西安东郊王家坟 90 号墓出土

宝马嘶归红旆（pèi）动

三彩三花马

唐
陕西乾县懿德太子墓出土

这匹马膘肥体壮，神气十足，特别是颈部的鬃毛被特意修剪成三花状，所以叫“三花”马，这是对当时来自西域名贵马种的特殊标记。

唐朝马匹主要是突厥马。因速度快和体形漂亮闻名的突厥马，是突厥人通过贸易、赠送、进贡等方式带入唐朝的，这种马鬃剪花的习俗也随之传入。唐太宗昭陵前放置的昔日所乘战马石雕“昭陵六骏”，马鬃也被剪为三花状。

西域雄狮舞长安

三彩狮子

唐

陕西西安东郊王家坟 90 号墓出土

这只饰着绿釉、毛发清晰、神态生动的狮子，坐卧在棕色的底座上，正啃咬着自己高高抬起的后腿，它是在挠痒痒吗？

自丝绸之路开通之后，狮子常见于历代朝贡中，尤其盛唐与多国存在密切的经济文化交流，更多来自印度、中亚的狮子随之传入。因此，工匠们有机会直接观察狮子的形态，得以雕刻出如此逼真的造型。

狮子在中国古代既是一种观赏的动物，又被看作护法瑞兽。

龙象对饮异域风

三彩龙首杯

唐

征集

推荐星级：★★★★☆

这两件三彩杯造型奇特，乍看似牛角，其实其中一件是龙首，另一件是象首。前者以龙曲颈回首、口吐水柱搭于杯沿形成环柄，后者象鼻上卷搭于口沿下，形成环柄。

三彩象首杯

唐

陕西西安南郊唐墓出土

这种兽首形的角杯与中国传统的角杯不同，其造型应与起源于地中海地区的“来通”有关系。来通的形制像一只漏斗，可用于注神酒。其造型经丝绸之路通过西亚、中亚地区传入我国，唐代时借助此时的特殊工艺——唐三彩得以呈现。

萸（yú）粉菊英浮碗盘

三彩碗 / 三彩盘

唐

陕西乾县永泰公主墓出土

三彩束腰盘

唐

陕西富平县李凤墓出土

唐三彩是一种低温釉陶器，着色剂以含铜、铁、锰等元素矿物质配制而成，用含铅的氧化物做助熔剂，在800℃高温下，各色金属氧化物溶于铅釉，向四方扩散流动，互相浸润，形成多种颜色交融的釉色，其中以黄、绿、白三色为主，所以叫“唐三彩”。

三彩碗和三彩盘均出自陕西乾县唐永泰公主墓。永泰公主是高宗李治和武则天的孙女，中宗李显第七女，她墓中的随葬品奢华至极。三彩碗和三彩盘釉色华美浓艳，纹饰和谐自然，是盛唐三彩器的代表之作。

三彩束腰盘规整平滑，通身施绿，内壁以褐红、白、赭黑色釉点染图案，色釉肆意流淌，犹如绿叶衬抱鲜花般华美，富贵之感呼之欲出。这件盘出土于陕西富平县李凤墓。李凤是唐高祖李渊的第十五子，封虢王，死后陪葬高祖献陵。

安然端坐彩牛车

三彩牛车

唐
陕西铜川耀州区出土

牛车盛行于魏晋南北朝时期，当时甚至规定了乘坐牛车的贵族等级和使用范围。牛车发展至唐朝愈趋成熟，唐人出行除骑马、乘马车外，牛车的使用非常普遍。多个墓葬壁画中都有牛车图，文献中也不乏朝官、妇女使用牛车的记载。

这架牛车为双辕两轮式，拱形马鞍状车盖，色泽鲜丽，釉色碧绿浓重。肥壮的牵牛呈褐红色，昂首挺胸，四肢短而粗壮，尾巴向下并贴于臀部，似正努力驾车前行。

壶体为双鱼连体状。双鱼口吐水花托起壶口，上唇外翻形成双系孔，鱼尾下垂形成壶底。除鱼尾外，通体施釉。

因为鱼具有很强的繁殖力，且“鱼”与“余”同音，寓意吉祥，将鱼用作图案装饰，或直接用作器型，是中国古代由来已久的一种传统。这件双鱼壶构思独特，制作巧妙，极富动感，反映了唐人艺术来源于生活又高于生活的审美情趣。

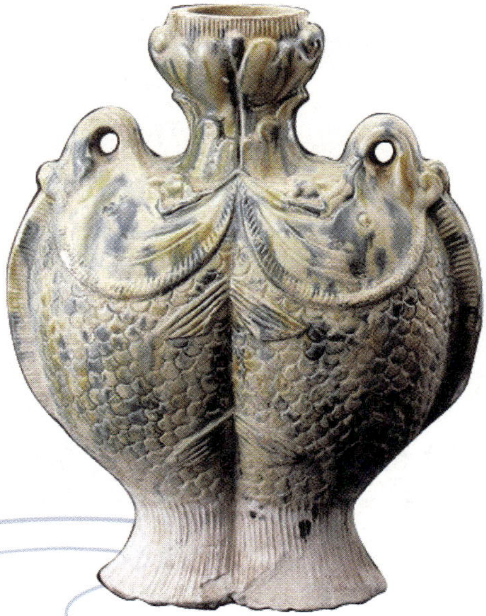

双鱼盛酒巧思来

三彩双鱼形壶

唐

陕西西安长安区南里王村出土

汉韵胡风酒香浓

白瓷双龙柄执壶

唐

征集

推荐星级： ★★★★★

执壶又称“注壶”，南北朝已有类似造型的壶。盛唐时期，东西文化相互融合，执壶式样也随之有所变化，整体风格更加简洁明快，去掉了鸡首和凤首，更加注重功能。唐代执壶一般作酒具或茶具之用，做酒器时称酒瓶或酒注子，做茶具时称茶瓶。

此壶釉色莹润，通体白色，给人一种素净典雅之感。壶肩部贴有圆形龙首，两侧塑龙首形柄一对，龙身弓曲，口衔瓶口。这样的造型在唐以前从未出现过，是将波斯胡瓶与鸡首龙柄壶融合创新而成。

且把杯盏和月饮

鎏金蔓草花鸟纹八棱银杯

唐

陕西西安东郊韩森寨电车二场出土

唐代金银器造型之别致、种类之齐全、纹饰之精美、工艺之高超、内涵之丰富，堪称中国古代历代金银器之最。

这件八棱敞口杯，杯身用八棱分隔成八个小场景，相间排列缠枝忍冬蔓草花纹与花鸟纹图案各四幅。四幅花鸟纹图案中，两幅錾刻鸳鸯，两幅錾刻鸿雁，鸳鸯和鸿雁四周衬有萱草、蜂蝶和鹊鸟等。

鸳鸯因其雌雄成双成对出现，比喻夫妻恩爱，百年好合；鸿雁是秋去春返的候鸟，被视为守信、意志和力量的象征；蜂蝶花草，表达恋花情趣，是唐代金银器中最常见的植物纹样。

雨横风多蛟龙舞

鎏金铁芯铜龙

唐
陕西西安南郊草场坡出土
推荐星级：★★★★☆

这件通体鎏金的铁芯铜龙，龙头与身体呈“S”形，龙嘴大张似咆哮，牙齿尖利、龙舌弯曲、双目怒睁，龙角与鬃毛似被风吹起而向后飞扬，脊毛像波浪一样自龙背延伸至龙尾，尾巴高翘折向龙头。整条铜龙形体流畅，极富动感与气势，充分体现了唐朝人的审美意趣。

此龙出土于唐长安城永乐坊东南隅，当时是玄宗时的宰相燕国公张说的府邸。文献载，有法师曾告诉张说此宅西北有王气，不能取土。一个月后法师又说，其地被取土了怕有祸事。铜龙即出土于此宅西北处，可能就是当时为恢复王气、消祸免灾、祈福求祥而埋于地下的。

摩羯原是印度神话中一种长鼻利齿、羊身鱼尾的动物，被认为是河水之精、生命之本，常见于古代印度雕塑、建筑及绘画。摩羯纹随佛教传入我国大约是在两晋时期。

这种长杯的造型是典型的波斯“萨珊式”，唐朝匠人们经过改良，创造出兼具中亚、西亚及唐朝风格的长杯，为我们研究唐代中外文化交流提供了重要素材。

香随绿蚁入金杯

摩羯（jié）纹金长杯

唐

陕西西安太乙路出土

推荐星级：★★★★☆

赤金为器求福寿

鸳鸯莲瓣纹金碗

唐

陕西西安何家村窖藏出土

推荐星级：★★★★☆

唐代金银碗出土量非常大，但多数是银质的，金碗数量极少，记载也不多。金碗除了多为皇帝和一品以上的高级贵族日常所用之外，在皇亲贵戚举行的一些重大活动中也有使用，一般用作饮酒之器。就已出土的唐代金碗而言，这两件唐鸳鸯莲瓣纹金碗可以说是最富丽堂皇的。

金碗腹壁锤揲出上下两层莲花花瓣纹，每层十瓣。上层莲瓣内錾刻有狐、兔、獐、鹿和大雁等动物形象，下层莲瓣内錾刻忍冬花草纹。空白处有密密麻麻的鱼子纹。碗底中心錾刻着一朵团花，外部圈足内錾刻着一只回首的鸳鸯。

这件碗将象征身份的黄金及多种吉祥纹饰巧妙结合，表达了对夫妻和睦、多子多福、健康长寿的美好期待。

香囊犹存空遗恨

镂空飞鸟葡萄纹银香囊

唐

征集

推荐星级：★★★★★

你知道杨玉环香消玉殒于马嵬（wéi）坡的故事吗？

天宝十五年（756），安史之乱爆发，杨玉环跟随唐玄宗李隆基流亡蜀中，被赐死在马嵬坡。后来，唐明皇返回长安时让人去马嵬坡收美人尸，却被告知："肌肤已坏，唯香囊仍在。"

当然，此香囊并非杨贵妃的那件。在陕西法门寺出土类似实物并在寺中长碑上记载其名为"香囊"之前，这种小巧玲珑的器物被称为"熏球"。

这件香囊通体镂空，金银捶揲（dié）成形。外壁球体银制，由上、下两个半球形组成；内层半球体即为香盂（yú），由纯金打制。外壁下半球体内有两层双轴相连的同心圆机环，外层机环与外球壁相连，内层机环分别与外层机环及金质香盂相连。使用时由于香盂本身的重力作用和两个同心机环的机械平衡，无论怎样转动香囊，内部的香盂始终能保持水平状态，从而使香盂里的香灰不致洒落。

这件香囊不仅外观美丽、工艺精湛，其中还藏着领先于世界的科学技术。这种由三个同心圆机环构成的装置被称为常平架，与陀螺仪原理相同，这一原理在欧美是近代才发明并广泛用于航空、航海领域，而中国至少在唐朝就已将之运用于日常生活中，足以证明当时中国在科学技术以及工艺制造方面取得的高度成就。

皇家亲寿与天长

“宣徽酒坊”银酒注

唐

陕西西安西郊鱼化寨南二府庄出土

这件器物出自唐代中央官府作坊。“宣徽”是指唐代的宣徽院，由宦官管理，负责郊祀、宴飨、供帐等。

酒注，在唐代常常被称作“注子”或“注壶”，壶身一侧有一个弧形把手，另一侧有管状流口。其造型吸收了中亚、西亚带把胡瓶的某些元素，结合中国同类器物原有特点创新而成。它的出现替代了以前用长柄勺从壶或罐中舀酒入杯的传统，借助此器可以直接将酒倾倒在杯中。注子出现在中唐时期，后逐渐流行，用于饮酒和饮茶活动中。

素手净食笑不歇

鎏金鸿雁折枝花纹银匜

唐

陕西西安何家村窖藏出土

匜（yí），是西周至春秋战国时期青铜器中常见的盥洗器皿。由于当时还没有碗、筷，贵族们宴飨（xiǎng）时，要用手拿食物。为了讲究卫生和以示虔诚，必须在宴飨前后洗手，行沃盥（guàn）之礼，即一人拿着匜给另一人浇水洗手，手下方接着一个盘，用于接污水。汉代以后，匜几乎消失，这种器型新出土在唐代银器中，令人有点意外。关于其用途，有人推测除可能继续作为盥洗用具外，也有可能被用作烹茶的辅助器具。

唐代银匜目前全国仅出土三件。这件做工精细，纹饰华美，完美呈现了盛唐的富丽气象，展现了唐代金银器工艺的成熟和精湛。

飞马帷帽似大哥

彩绘釉陶戴帷帽骑马女俑

唐

陕西礼泉县郑仁泰墓出土

飒爽蛾眉马上行

三彩胡服骑马女俑

唐

陕西乾县永泰公主墓出土

彩绘釉陶骑马女俑，头戴帷帽，腮艳唇红，乳白色襦衫外套着带花边的黄色半袖，下着淡黄色条纹长裙，脚蹬黑色尖头鞋，骑着一匹红色斑纹的黄马，手勒缰绳，神态自若，英姿飒爽，生动地再现了唐初贵族妇女戴帷帽骑马出行的真实情景。

唐初，这种笠帽下面四周还罩着一层纱，叫“幂篱”（mì lí），可以障蔽身体，防止风吹日晒。武则天时期，“帷帽大行，幂篱渐息”，这与武则天时期妇女地位的提高有一定关系。当时诗人张元一诗云：“马带桃花锦，裙衔绿草罗。定知帷帽底，仪容似大哥。”此处大哥指武则天。

三彩胡服骑马女俑骑着一匹膘肥体壮的枣红色骏马，上穿绿色红翻领短袖胡服男装，下着绿裤，足蹬尖头鞋。唐代开明开放，妇女受礼教的羁绊较少。她们时而敞胸露臂，尽显女子柔美风情；时而身着胡服男装，又露英姿飒爽之气。

沈从文、孙机等学者认为胡服流行于安史之乱之前，尤其是开元天宝以前的武则天时代。安史之乱后，由于唐朝社会对叛乱反思皆以全盘否定“胡”为出发点，胡服之风逐渐衰退。

唐代社会开放，所以在初唐到盛唐的墓葬中常见女骑马俑，文献中也不乏对唐代女子骑马的记载，这些都说明在当时贵族女子骑马出行已是其日常生活的一部分。宋代以后，由于妇女受到社会文化制约，加之马匹数量的减少，骑马女俑逐渐消失。

不爱红装爱武装

三彩男装女立俑

唐

陕西西安郭家滩唐墓出土

女子着男装在古代社会较为罕见，但在唐代却蔚然成风。这个女俑发髻包裹在幞（fú）头里，朱唇轻抿，面带微笑。她身穿的袍服、头戴的幞头、脚着的靴子皆为唐时男子的服装。

唐代妇女穿男装是流行风尚，不仅穿汉式男装，有时也着胡服男装。

唐代上层社会的“好胡”之风引导了整个社会的审美潮流，“胡酒”“胡舞”“胡乐”“胡服”盛极一时。

文才武将俱风流

彩绘釉陶贴金文官俑 / 武官俑

唐

陕西礼泉县郑仁泰墓出土

这两个俑的工艺不同于一般釉陶，它们先施铅釉经高温烧制之后，再敷彩、描画、贴金才得以完成。这种工艺是唐三彩的前身，因其复杂繁难，三彩器出现后就失传了。所以这两件陶俑对于研究彩绘釉陶工艺有着重要的参考价值。

从他们的装扮看都应是皇帝身边的“红人”。左边这位眉目清秀的文官俑头戴进德冠——唐朝皇帝专门赏赐给宠臣的一种头冠，身穿红色对襟宽袖长衫，彬彬有礼，表情淡然。右边这位武官俑身穿明光铠，右臂握拳。他身穿的明光铠增加了金箔等装饰效果，与通常的明光铠不尽相同，这可能是一件具有仪仗功能的铠甲，这为我们研究古代军戎服装提供了重要的参考价值。

文
武

发钗是古代妇女佩戴的一种首饰，主要流行于战国之后。唐宋金银发钗可分为两大类：单首发钗与多首发钗。所谓单首发钗，顾名思义就是指只有一个钗首，这类发钗是唐宋金银发钗中最为盛行的一种。

这件发钗为罕见的多首发钗。它的设计和做工呈现了较高的工艺水平：钗面每一片花叶辅以蔓草纹和展翅蝴蝶，且整个发钗通体鎏金，俨然一只展翅欲飞的金蝴蝶。

蝉鬓凤钗金步摇

鎏金蔓草蝴蝶纹银钗

唐

陕西西安东郊韩森寨唐墓出土

臂环秋生腕底香

玉臂环（鎏金铜兽首铰链玉臂环 / 金兽首铰链玉臂环）

唐

陕西西安何家村窖藏出土

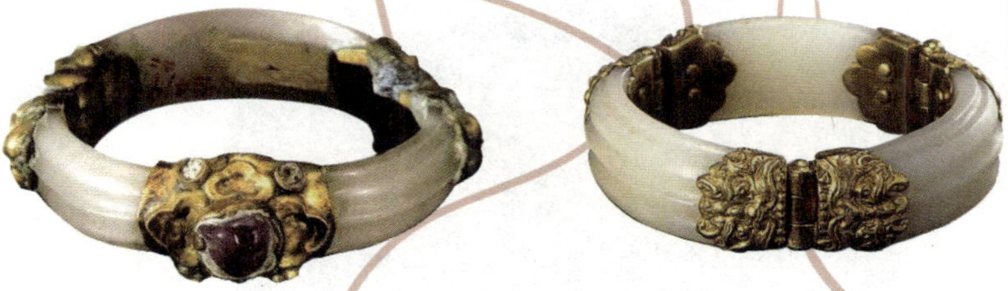

臂环在唐朝使用非常普遍，传世周昉所画的《簪花侍女图》中就有侍女戴着臂环。唐代笔记《明皇杂录》载：杨贵妃曾送给女伶谢阿蛮一个“金粟装臂环”，杨贵妃死后，阿蛮将臂环献给玄宗，引起玄宗思念，“持之出涕”，哭得不能自已。

臂环在出土文物中常见，但精美且有明确文字说明的仅何家村窖藏发现的这两对。其中一对以鎏金铜兽首将三段弧形白云连接而成，另一对以金兽首将三段弧形白云连接而成。由于装盛臂环的银罐上明确写有“玉臂环四”字样，因此得知此器物在当时被称为“臂环”。

这件粉盒呈平底扁圆形，器表颇具树木年轮和行云流水的效果，可谓鬼斧神工之作。之所以会出现这样的效果，是因为粉盒的烧造使用了唐代新出现的一种工艺——绞胎技术。

绞胎就是将两种或两种以上颜色的瓷土揉在一起烧制，泥坯绞揉方式不同，纹理变化亦无穷，此工艺唐代以前尚未出现，元以后逐渐衰落。

云鬓欲度香腮雪

绞胎粉盒

唐

陕西西安东郊陕西钢厂出土

低调奢华主贵尊

银平脱双鹿纹方形漆盒

唐

陕西西安南郊曲江池乡唐墓出土

漆盒为楠木胎，盒盖上饰一对银平脱雌雄奔鹿，盒四周饰疏朗的银平脱花叶，盒内外均髹黑漆，内置一小木勺。

漆器工艺早在新石器时代就已经出现。平脱，是先将金银箔片粘贴在器物上，然后在器物上多次刷漆阴干，再反复打磨使金银纹片显露出来。由于金银纹片与漆面平齐，因此称作“金银平脱”。

这件漆盒将髹漆技术与金银平脱技术相结合，使得金银纹饰与黑色的漆底形成强烈的对比，使器物更显富丽雅致。由于工艺的繁复和用料的奢华，这种工艺的器物非常罕见。

一团旋风桃花色

彩绘胡人骑马射猎俑

唐

陕西乾县永泰公主墓出土

狩猎是唐人最钟爱的活动之一，因此以狩猎场面为纹样的艺术品在墓葬壁画、陶俑、铜镜及金银器中均有所体现。

俑头扎布巾，身着翻领胡服，骑坐在一匹精良优选的三花马上。马形体壮硕，四肢矫健有力，静静伫立着；俑抬头仰望，两手作拉弓射箭的姿势，目光似乎正在注视着空中飞翔的猎物，虽静犹动，生动传神。

彩绘胡人骑马带犬狩猎俑

唐

陕西乾县永泰公主墓出土

唐代狩猎题材的文物中，有不少这样的胡人形象，他们应该是对来自西域的专业驯技师的形象的塑造。这些胡人驯技师训练鹰犬非常在行，常以“猎师”身份陪侍主人狩猎。狩猎时他们既要侦察猎物踪迹，又要防止主人发生意外，发挥侍卫作用。

马背上的猎犬昂首挺胸，双眼机警地注视着前方，似正在寻觅猎物。此犬极似唐人狩猎中常用的波斯犬。这种犬狩猎时非常凶猛，速度极快，是西域各国向唐朝贡奉的主要礼品之一。

骑兵战罢夜还营

彩绘贴金甲马骑兵俑

唐

陕西乾县懿（yì）德太子墓出土

这个骑兵俑头戴兜鍪（古代战士戴的头盔），身穿铠甲，端坐于马背上；马身披具装（马的铠甲），肥硕健壮，静立于踏板之上。骑兵的甲胄和战马的具装均贴金箔装饰，显得光彩熠熠，气度不凡。马与士兵一样穿上防护性的具装，虽然能保护战马的安全，但限制了马的灵巧，所以战场上的马通常不着具装。这件骑兵俑可能是太子生前的仪仗用骑兵，对研究唐代宫廷仪仗制度具有重要参考价值。

唐时经济繁荣，文化开放，乐舞艺术也取得了空前成就。

这组乐舞俑共有七人，其中两人为舞俑，五人为乐师。两个舞俑正挥动双臂，婆娑起舞，给人一种优雅的动态美。另外五名乐师正在全神贯注地伴奏。其中一位梳着单髻的乐师应该是在吹奏什么乐器，一位头梳双螺髻的乐师正在击鼓，其他三位手中的乐器已很难判断了。

这套黄釉彩绘乐舞俑让我们一窥唐代乐舞的繁荣兴盛，再现了一千多年前皇室贵族宴请宾客时，一派轻歌曼舞的场景。

梨园歌舞最风流

彩绘釉陶乐舞女俑

唐

陕西礼泉县郑仁泰墓出土

红绡（xiāo）学舞腰肢软

彩绘双环髻女舞俑

唐

陕西长武县枣元乡郭村张臣合墓出土

这个舞俑梳着双鬟（huán）望仙髻，身材纤细修长，给人一种亭亭玉立的青春气息。她双手抬到胸前，食指伸出，表情平静而虔诚。

唐代妇女喜欢高髻。高髻里还要使用义髻（假发髻），即以木、藤为骨架，将头发裹于外，以获得高贵华美之效果。双环望仙髻就是高髻中的一种，这种发式将头发挽成双环高耸于头顶或两侧，因有“瞻然望仙之状”，故得名，是初唐时期流行的一种发髻。

舞俑的舞服新颖、色彩艳丽，神似现在的飞天造型。国内已发现的陶俑和壁画中，没有与此俑形象相似或者相同的，但在美国、日本及瑞典的一些博物馆中，收藏有造型相同或相似的唐代女舞俑。

众观俳优可笑时

彩绘俳（pái）优俑

唐

陕西陇县党家庄出土

俳优是什么呢？《汉书·霍光传》载“击鼓歌吹，作俳唱”，“俳优，谐戏也”。可知俳优是古代一种专门以逗乐为职业的群体，类似于现在的相声演员。这类艺人在古代的地位虽然不高，但是他们又承担着“寓教于乐”的职责，在给统治者带去快乐的同时也有一定的讽谏作用。

这件俳优陶俑身穿宽大的圆领袍，头戴黑色的风帽，两边的帽带随意地耷拉着，给人一种落魄不修边幅的感觉。他脖子紧缩，眉头紧皱，嘴巴上噘，脑袋歪斜，表情滑稽可笑。

阳关三叠不忍听

彩绘说唱俑群（六人）

唐

陕西西安西郊俾失十囊墓出土

唐代人也会唱 rap？那他们会不会 freestyle？

这组彩绘说唱俑群由一位交脚而坐的表演者和五位盘腿而坐的乐师组成。表演者目视右前方，双手比划，表情生动，似正在叙说。五位乐师除一位手里的乐器丢失以外，其余四位分别吹弹敲打着长笛、横笛、琵琶和答腊鼓。

我国古代的说唱艺术，主要由歌唱和说白交替进行。经过汉代数百年的发展，除充分汲取民间音乐和文学艺术的营养之外，还大量结合了经丝绸之路传入的佛教的“讲唱”艺术，到唐代时，说唱艺术已经非常兴盛了。

这组说唱俑动作协调、配合默契、表情生动，营造出一种欢乐、热烈的表演氛围，是研究唐代乐舞艺术的珍贵资料。

殿前香骑逐飞球

彩绘打马球俑

唐

陕西西安临潼区关山出土

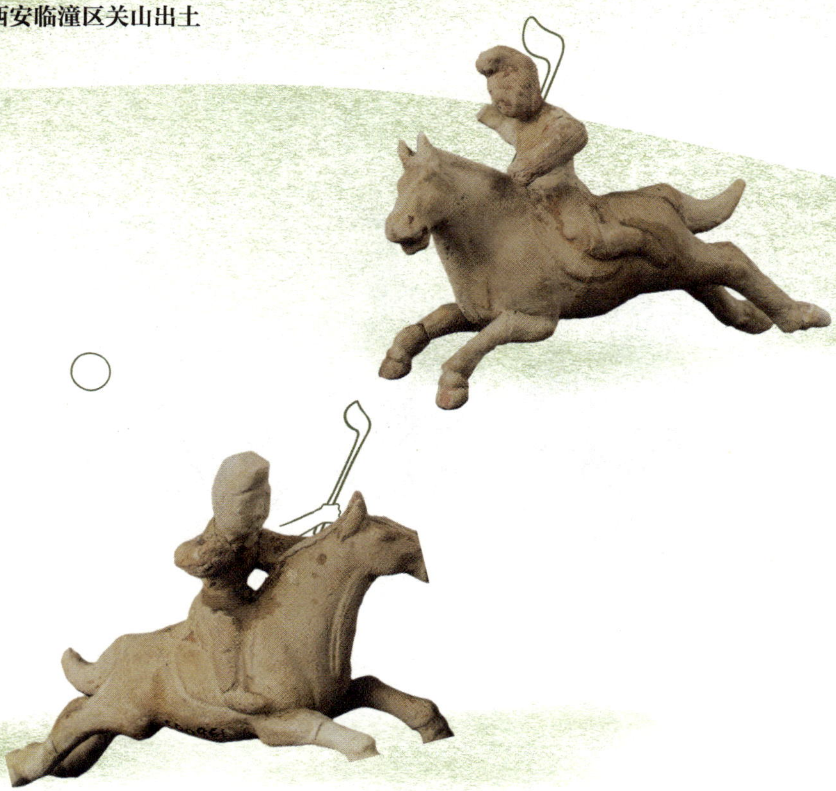

马球运动在唐朝风靡一时。唐中宗李显、玄宗李隆基、穆宗李恒、敬宗李湛个个都是打马球的高手。

马球本是相当男性化的运动，因为对抗性极强，对身体素质要求很高。但唐代女性巾帼不让须眉，也喜打马球。花蕊夫人在《宫词》中说：“自教宫娥学打球，玉鞍初跨柳腰柔。”张籍《寒食内宴二首》诗云：“廊下御厨分冷食，殿前香骑逐飞球。”即是记寒食节时在宫中观内廷女子打马球之事。

棋逢对手千局少

玛瑙／琉璃双陆子

隋

陕西西安东郊长乐路隋舍利塔墓出土

这一组棋子总计 27 枚，其中 13 枚材质为绿色琉璃，14 枚为玛瑙。学者们从文献记载、出土文物、绘画等资料综合研究判断，确定其应为双陆子。

双陆又称“双六”“打双”“波罗塞戏”等，是我国古代赌博游戏的一种，类似于现在的跳棋。双陆配有盘、子、骰子及筹码。

双陆流行于曹魏，盛于南北朝至宋元时期，衰落于明清时代。质地多为木质，也有犀角、琉璃、玉石、象牙等质地。

生生不息妙生肖

彩绘十二生肖俑

唐

陕西西安郊区出土

中国古代有以十二生肖俑随葬的风俗，目前发现较早的是山东北魏时期墓葬中出土的生肖俑，隋唐时期比较流行。今陕西西安、新疆吐鲁番等地的唐代墓葬中，均出土过十二生肖俑。

这组十二生肖俑为兽首人身立姿像，面部分别为十二生肖的动物形象，身体为人形，着宽袖长袍，袍上有红绿彩绘。十二生肖俑一字排开，仿佛一队整齐有序的谦谦君子，正向人们拱手行礼。它们的身体部分基本相同，头部塑造得生动有趣，特点鲜明。

天王神武骇八荒

三彩天王俑

唐
陕西西安西郊中堡村唐墓出土

天王俑是唐代武则天时期新出现的一种陶俑。一般与镇墓兽对称置于墓门内，用于避邪厌胜，确保墓主人亡灵平安。

唐以前的武士俑完全仿照现实中的武士形象塑造，到高宗时期，受佛教影响，墓葬之中开始出现天王俑。盛唐时期，墓葬中的镇墓天王俑形象已经和佛教中的天王形象如出一辙了，被唐人奉为死后的保护神。在唐代许多墓葬中，特别是中原地区的达官贵人墓葬中常有发现。

丝路风沙振驼铃

三彩载乐骆驼俑

唐

陕西西安西郊中堡村唐墓出土

推荐星级：★★★★★

这是不是驼背上流动演唱团的场景再现？大漠里风沙乍起，乐人正沉醉在丝竹音里，骆驼似乎也在引吭高歌，沉静已久的戈壁滩，因为这些美妙的声音，少了许多寂寥，多了些许生气。

这件骆驼俑背上铺着一条多彩的毛毯，载着八个鲜活生动的人物：七个男乐俑身着汉服，分别手持笙、琵琶、排箫、拍板、箜篌、笛、萧等乐器，面朝外盘腿而坐演奏着乐曲；中间站立着一位亭亭玉立、体态丰腴的唐代佳人，似乎正和着乐曲引吭高歌。看着这幅画面，千年前盛唐时期的舞乐仿佛仍悠然回响，不禁使人好奇这支“巡回乐团”奏的什么乐，唱的什么歌。

这尊骆驼载乐俑釉色明快华丽，被誉为唐三彩俑中的压卷之作。它既是唐代文化艺术昌盛、制作工艺发达的重要物证，也见证了丝绸之路上的文化交流与融合，被国家文物局列入《第三批禁止出境展览文物目录》。

第七单元

文脉绵长

五代十国—清（907—1911）

唐以后，中国的政治中心东移，陕西告别了长期拥有帝都的历史，开始了长达千年的沉寂。但作为西北地区的政治、经济、文化中心，这片土地上的文化创造和传承，仍然独具魅力，影响深远。

男儿顿首喜相拜

跪拜文吏俑

宋
陕西凤县出土

《周礼》将拜见礼总结为“九拜”。这件陶俑的动作应属于九拜中的“顿首”拜，即拜跪在地上，用头挨地作短暂的接触就立即抬起，因头触地时间短，故称作“顿首”，属于地位相等或平辈间相交的礼节。

宋代跪拜俑形象发现的较多，它不仅说明宋代礼仪烦琐，也是宋代文吏士子随波逐流、保守谦恭、心态卑微处世方式的反映。

这件陶俑头戴官帽，双手伏地，匍匐长跪，脑袋侧倾，给人一种唯唯诺诺的卑微之感，似乎在认真行礼时又在聆听着什么。

狂言落语说相扑

相扑人物砖

金

陕西渭南市出土

相扑不是日本的国粹运动吗？中国古代也有这种运动吗？没错，相扑运动不仅起源于中国，而且日本的相扑运动也是源自中国。

相扑在中国有着悠久的历史，秦汉时期叫角抵（dǐ），南北朝到南宋时期叫“相扑”。据宋代《东京梦华录》载：“宋代宫廷御用之相扑手，乃御前卫队左右军士，名为‘内等子’。”

宋代，相扑从武术中分化出来，只扑不打，更不许踢脚，以将对方扳倒为胜。现代相扑的规则也跟这差不多。金朝统治者甚至将其视为练武及选拔武士的手段之一。

这两方砖面生动地刻画了相扑的形象，他们魁梧健硕，赤裸上身，下身穿相扑专用的兜裆裤，脚踝处戴着护踝。只见他们双目怒睁、牙关紧咬，似随时准备与对手搏斗。从相扑的神情和动作上，我们似乎能领略到当年相扑运动的情形和相扑手勇猛的气势。

晚逐香车入奉城

黑陶马车

元

陕西西安曲江李新昭墓出土

这组马车为黑陶质，它最明显的特征便是车厢顶部隆起似蒙古包。元代蒙古贵族流行葬后灭迹、不留坟冢的丧葬习俗，墓葬中的随葬陶器比起前朝大为减少。陕西因其特殊的环境和历史条件，出土的元代陶器较其他地区为多，但是如此完整的马车仍十分罕见。这组陶马车精细的做工和逼真的形象，为研究我国古代交通提供了十分难得的实物资料。

这是一枚元代银质官印，印石背面右侧刻“蒙古军都元帅府之印”九字。

元代的军队主要分为蒙古军和汉军两大系统。窝阔台汗时期，将蒙古军的编制和官称用于汉军系统，在汉军万户之上设立都元帅，负责掌管汉军，指挥作战。

元代都元帅府有十几个，“都元帅府”印由中央政府统一铸造。政府为防止官印散失和滥用，对官印有着严格的管理制度。官印由专门的掌印官掌管，因公外出或疾病，则交给其副职代管，不得私自委托他人。官员离任时要上交封存，新官上任则重新颁发，所以遗存至今的元代官印并不多见。

行都元帅千蹄马

蒙古军都府元帅银印

元

陕西洛南县出土

推荐星级：★★★☆☆

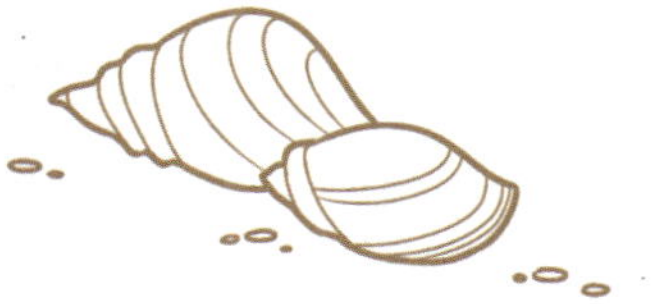

莫辞花下醉芳茵

螺托盏

北宋
陕西西安蓝田县五里头村吕氏家族墓地出土

这件螺托盏利用螺壳的天然盏状特点，稍做处理便成了集艺术性与实用性于一体的精美酒具。

古代先民很早就开始利用海螺，商周时期螺贝被用作货币，此后螺贝还被用作乐器、佛教法器、装饰品、艺术品等。海螺作酒杯，除了海螺壳体中空利于盛酒之外，还和我国古代的饮酒礼仪有关。古代饮酒分为礼饮和乐饮。礼饮阶段失礼要罚酒，一般选择容量小的酒具；乐饮阶段为增加饮酒乐趣，一般选择容量大或者造型独特的酒具。螺杯正好符合这些要求，所以是一款不错的天然酒具。

螺杯在考古发现中极为罕见，这对螺杯对我们研究宋代文人士大夫的生活习俗与酒文化有重要的参考意义。

今晨童子浴新阳

沐浴童子俑

宋

陕西旬邑城关镇出土

宋代，由于商品经济的发达，人们在物质生活得到极大满足的同时，开始逐渐将目光转向精神文化层面。因此，宋代的艺术品增多，儿童开始作为独立形象大量出现在不同的器物类别上。

这种造型生动的陶塑儿童形象和瓷器纹饰中的执荷婴孩、童嬉题材一样，都与宋代的七夕节日习俗有关。当时每年的七夕之夜，富贵人家都会在乞巧楼中供奉寓意乞巧和生子的泥孩儿，有祈生男孩的用意。因此，当时社会上出现了专门的童子俑制作，题材也极为广泛，涵盖了当时儿童生活的多个方面。

这件童子俑生动地展现了幼童的可爱、无忧无虑及憨态可掬，呈现了宋代高超的雕刻艺术。

独立亭亭意愈闲

青玉鹭鸶（lù sī）

清
1950年西北军政委员会
文化部文物处移交

鹭鸶也就是我们所说的白鹭，在古人心目中是一种吉祥鸟，象征着高贵和纯洁。这对青玉鹭鸶大小相同，双翅合拢，静静地伫立在青玉底座上，头顶一束直立的翎羽，昂首望天，其高洁和沉稳之气毕现。

青玉有着数千年的使用历史，从新石器时代至战国时期，青玉始终是使用数量最大的玉类。从秦代至清代，青玉物件上至“皇帝之宝”，下至文房、饰件，应有尽有，以鹭鸶为纹样的清代器物也有大量传世。这一方面是因为青玉的产量大，另一方面则由于青玉特殊的致密结构，适用于雕琢器物。

定州“官”瓷天下白

白瓷“官”字款花口碟

五代
陕西西安火烧壁出土

白瓷是在青瓷基础上发展而来，隋唐时期发展较快，形成了“南青北白”的局面。一般认为带有“官”“新官”的白瓷为定窑中的精品。

定窑为宋代六大窑系之一，窑址在今河北省保定市曲阳县，因宋代时属定州，故得名。定窑原为民窑，创烧于唐，极盛于北宋及金，终于元，以产白瓷著称，兼烧黑釉、酱釉和釉瓷。

这四件白瓷分别为三尖、五尖、葵花形花瓣状，足底刻画楷书“官”字款。瓷碟除底足外，通体施白釉，胎体轻薄，细腻坚致，反映了定窑高超的制瓷水平。

瓷盘铁线无可比

哥窑六曲葵口盘

宋
1959 年故宫博物院调拨

哥窑是宋代五大名窑之一，但至今未发现窑址，这被视为中国陶瓷史上的悬案之一。其独特的龟裂纹，又被誉为“金丝铁线”。这种特殊的纹饰是由胎体和釉料在烧制过程中因膨胀系数不同而形成的，是哥窑特有的装饰风格。

这件六曲葵口形盘，通体施粉青釉，温润似玉，令人赏心悦目。哥窑瓷器由于传世稀少，因此极为珍贵。元朝以后各代均有仿制，但与传世哥瓷不可比拟。

清香满盏浮星汉

黑釉油滴碗

北宋
陕西蒲城县城关镇收集
推荐星级：★★★★☆

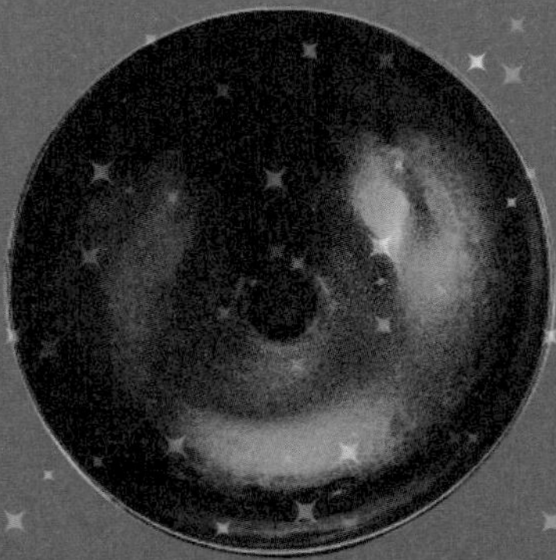

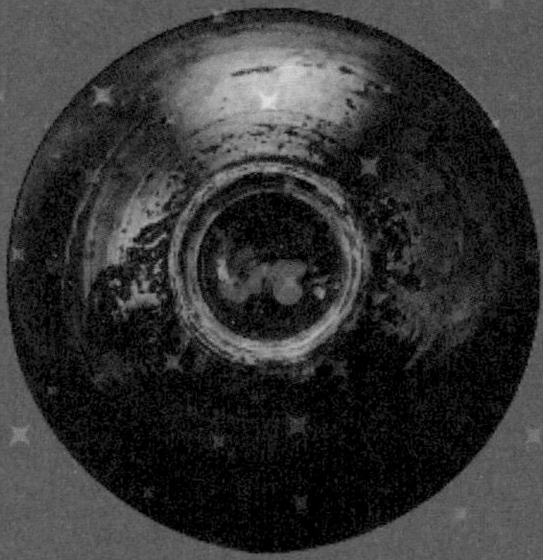

这件黑釉“油滴”瓷碗，灰白胎，胎体厚重，通体施黑釉，大大的敞口，腹由口至底渐收。黑釉碗出土较多，但如此大口径的碗并不多见。此碗硕大却轻巧秀丽，体现了北宋高超的制瓷工艺水平，也展现了宋人质朴无华的美学追求和平淡自然的情趣韵味，是迄今所见同类器物中体量最大的一件。

我国黑釉瓷器的生产和青瓷一样历史悠久。黑色是瓷器中最单调的一种釉色，宋人却让黑釉成为一种别具风格的艺术。黑釉因窑变形成的具有金属光泽的、大小不一的似油滴状的小圆点，如夜空的星辰，又像浮在水面上的油滴一样，因此被称为“油滴釉”。盛于北宋，衰于元末，以福建建窑烧造的最为有名。

宋代盛行“斗茶”，饮用前先把糕饼状茶叶碾成细末放在茶碗内，再沏以开水，水面沸起一层白色的沫，因黑釉盏最能衬托白色茶沫而最受斗茶者的喜爱。古人赞油滴釉“盛茶闪金光，盛水闪银光，映日透视，晶莹夺目”，因此徽宗皇帝赵佶认为茶盏“盏色贵青黑”。

南宋以后，对外贸易频繁，黑瓷成为最受欢迎的外销品，特别受到日本人的喜爱，称之为“天目釉”。现存日本国家博物馆内的数件我国宋代油滴釉瓷器，被日本人视为国宝。

此碗1996年被国家文物鉴定小组定为国宝级文物。

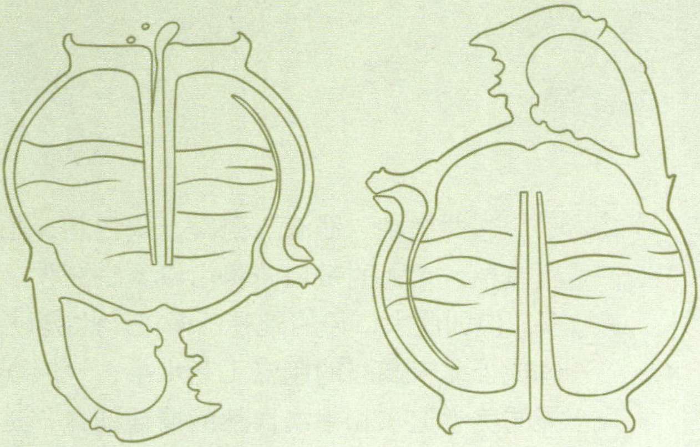

壶倒福到耀窑青

青瓷提梁倒灌壶

五代

陕西彬县出土

推荐星级：★★★★★

耀州窑创烧于唐，明中叶以后停烧。五代十国时期，白胎冬青釉深剔刻工艺是其最高成就。耀州窑青瓷器型丰富多样，青釉光洁明亮，胎体玲珑多变，是我国古瓷艺苑中一朵绚丽的奇葩。

这只倒灌壶用凤凰作壶把，狮口作壶嘴，将牡丹雕刻于壶身，使鸟中之王“凤凰”的灵气、兽中之王狮子的霸气和花中之王“牡丹”的贵气集于一身，一看便知非等闲之物。

这件壶最为奇妙的是其“倒注液体，翻转不漏”的神奇结构，这是工匠利用了连通器液面等高的原理在壶内设计了两个通心管所致。其独特的倒流设计让人啧啧称奇。同时，壶的发音和“福”极为相似，壶倒就意味着“福到”，这寄托了人们对幸福生活的美好期盼。

大唐遗宝

1970 年 10 月的一天，陕西西安南郊何家村一处建筑工地上，意外挖出了两个陶瓮和一个提梁银罐。打开陶瓮和银罐，发现里面满满当当装着金银器、玉器、贵重药材、中国历代钱币及外国货币等，共计 1000 余件，籍籍无名的何家村一下子享誉全国。关于这批珍宝的主人是谁，为什么埋葬在这里，目前学术界尚无定论。但多数学者认为，因为这批藏宝地所处位置就是唐朝长安城的兴化坊，兴化坊地处长安城皇城西南城墙外，是当时皇亲国戚和高官显贵的聚集地，再加之这批出土器物规格很高，工艺又很精湛，所以学者们推测，这批宝藏有可能是皇宫甚至是国库中的物品，也许是因为什么突发事件被埋在这里，后因世事变迁无法取出，直到 20 世纪的建筑施工才得以重见天日。

半个多世纪以来，何家村遗宝并没有随着时间的流逝而被淡忘，反而以其独有的魅力吸引着越来越多人士的关注，成为百年来最重要的唐代考古发现之一。

罗衫玉带最风流

“白玉有孔”带銙（kuǎ）

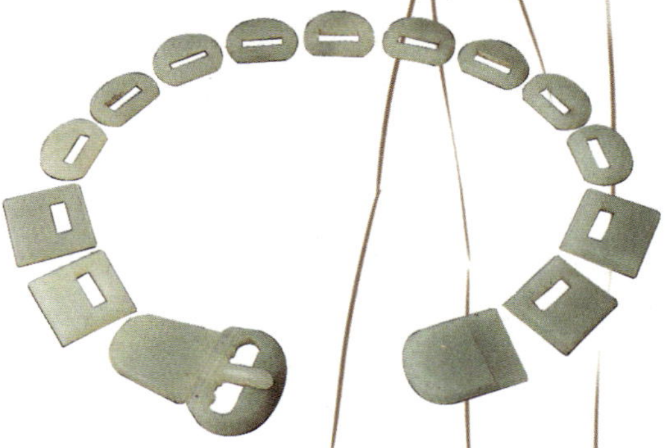

带銙，是钉附在革带上的装饰物。这件白玉带銙饰由16件不同形状的銙组成，銙上的孔是与革带缝缀所用。

何家村窖藏共出土玉带銙十副，是空前绝后的一次唐代玉带銙考古发现。唐代将玉带銙加以规范并制度化，只有三品以上的官员才能用玉带，其他按等级可分别用金、银、铜、铁等质地的材料装饰腰带。不仅如此，所用玉带銙的节数也有严格规定，按官爵大小，銙数由13块减至7块，以示尊卑。

玲珑剔透俏圆环

凸纹玻璃杯

推荐星级：★★★★☆

这件黄绿色的敞口玻璃杯，最大的特点是杯壁有八组、每组有三个凸起的圆环纹饰。它出自将高温烧熔的玻璃条挑出，趁热贴压在杯身上，冷却后成型的一种装饰技术。这种工艺在唐朝极为少见，最早出现在罗马的玻璃器中，萨珊时代的玻璃工匠将这一技术继承并发扬光大。

萨珊王朝是波斯帝国最具重要性和影响力的历史时期之一，也称波斯第二帝国，是当时除唐王朝、东罗马帝国之外的第三大强国。中国古代玻璃技术远远滞后于陶瓷、金属器，因此域外传来的玻璃器皿被古人视作宝物，是仅供少数上层统治者享用的奢侈品。这件凸纹玻璃杯应是通过丝绸之路来到中国的萨珊王朝的奇珍异宝。

淤泥难掩宝石光

深蓝宝石（3）/ 浅蓝宝石（4）
黄精 绿玉髓（6）/ 玫瑰紫（2）

这些耀眼夺目的宝石是在银罐内的淤泥中被发现的。1970 年何家村出土的陶瓮中有一件莲瓣纹提梁银罐，提梁罐内除了盛放着一批国宝外，在罐底还有一层厚厚的淤泥，谁也没有想到，在这淤泥之中竟还藏着 16 颗光彩耀目的宝石。

莲瓣纹提梁银罐内有清晰的墨书，记录了存放的物品。其中“颇（玻）黎（璃）等十六”与我们发现的 16 颗宝石数量一致，由此可见，唐代玻璃是指宝石之类的天然矿物。

冰玉绽放透晶莹

水晶八曲长杯

推荐星级：★★★★☆

此杯有八个横向分层式的曲瓣和椭圆形矮圈足，外壁光素无纹，宛如灿开的花朵。在唐朝和五代的文献中有“持酒船唱令”“连饮三银船”等提法，所指当为八曲杯，因其略近船形而称之。

目前发现的这种形制的唐代水晶容器仅此一件，与萨珊式多曲银长杯造型相同，但是萨珊很少用水晶制作长杯。

古人不了解水晶是天然矿物，误以为是“千年寒冰所化”，所以水晶又被称为“水精”“水玉”或“千年冰”。

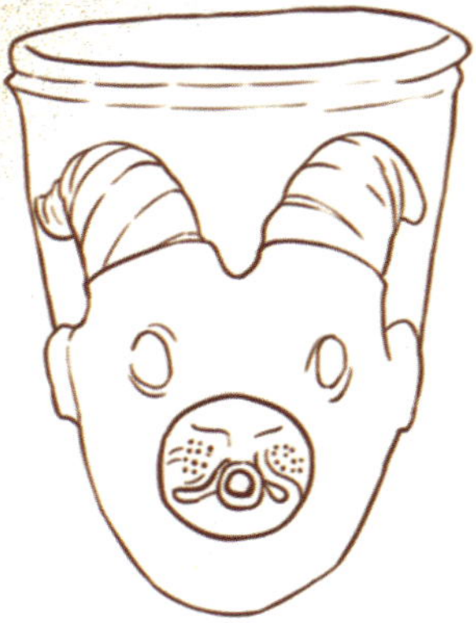

殷红玛瑙丝路风

镶金兽首玛瑙杯

推荐星级：★★★★★

这件玛瑙杯是用一整块棕、红、白三色相间的缠丝玛瑙琢制而成，一端为写实的羚羊形象，另一端向上翘起形成杯腔。羚羊双目圆睁，两只羊角粗壮有力，向后弯曲与杯口相连。前突的羊嘴充当杯的流口，填以金塞，以防杯中的液体流出。使用前，卸下金帽，举杯仰头，即可将杯中的美酒一饮而尽。

玛瑙杯来自哪里，目前学术界尚无定论。依据材质、造型，专家学者们判断，它可能是来自西域的一种叫“来通”的祭祀酒器。

在公元前 1500 年古希腊人的观念中，来通是一种圣物，用它注酒可防止中毒，如果举起来通将酒一饮而尽则表示向酒神致敬。在中国，从唐代以前的图像资料来看，这种酒具常出现在胡人的宴饮场面中。在《旧唐书》中有这样的记载：“开元十六年，大康国(今乌兹别克共和国撒马尔罕一带)献兽首玛瑙杯。”根据类似的史料，专家们判断，这件玛瑙杯极有可能是外国进献的礼品。即使是唐人工匠所为，也是模仿西方来通的样式制作的。

英雄不问出处，无论玛瑙杯来自哪里，它都见证了 1200 年前大唐盛世中外交流的盛况，以及大唐长安作为国际大都会的繁荣。而这件玛瑙杯也因其材质的罕见、工艺的精湛、文化内涵的丰富，被国家列入《首批禁止出国（境）展览文物目录》。

绿蚁佳酿泛金光

金筐宝钿（diàn）团花纹金杯

推荐星级：★★★★☆

杯腹表面有四对八个如意云朵纹，每四个如意云朵纹之间又有一朵团花，四朵团花构成金杯的主题纹样。如意云朵纹和团花均以掐丝工艺用金丝焊接而成，金丝形成的“筐”内空间，原来镶嵌有各种宝石，现已脱落。杯体内部尚可见渣滓和绿锈，当为使用过的痕迹。

这个金杯是一件将大唐文化与西域技术完美结合的佳作，体现了唐代工匠的创新精神。他们将传统粟特杯的指垫做成叶芽形状，又将喜爱的掐丝、焊缀和镶嵌工艺运用到器物上，在不改变器物使用功能的前提下，迎合了唐人的审美，是唐人兼容并包、不断进取的时代精神的最好体现。

龙飞凤舞天下平

葡萄龙凤纹银碗

推荐星级：★★★★☆

这只敞口银碗，内腹光洁，纹饰采用錾刻工艺，外壁以鱼子纹为地，饰有葡萄、卷草、鹦鹉和狮子；碗圈足内饰一条龙，底部有凤一只。唐以前葡萄纹并不多见，葡萄栽培技术通过丝绸之路传入中国后，人们才开始将其作为装饰，唐高宗和武则天时期最为兴盛。

一般的龙凤图案都是龙在上、凤在下，而这件碗则是凤在上、龙在下，所以有人推测这只碗的准确制作时代应是武则天时期。武则天利用凤凰的祥瑞之意，为自己称帝创造顺应天命的政治气氛。

双鱼戏水盛欢愉

鎏金双鱼纹银碗

这只银碗为敞口浅弧腹，碗底的圈足出土时已丢失。碗内底部有两条首尾相连的鱼，周围衬以水草。鱼和水草以捶揲工艺制作，立体感十足。 金银碗在唐代既可盛装餐食，又可作饮酒器具使用。

中国的鱼文化源远流长。早在仰韶文化时期，器物上便有鱼纹装饰。鱼是多子动物，因此常被人们赋予多子多福的含义。双鱼更有和谐、吉祥之意。唐代时，鱼的身价暴涨，有些鱼类甚至成了禁忌神物。唐高宗和玄宗时期颁布法令禁捕鲤鱼，鱼在一些诗人笔下还成了龙的化身。

胡风列列满长安

鎏金双狮纹银碗

银碗内底饰鱼子纹地，中心有口衔折枝花的双狮相对而立，其外有绳索纹一圈，再外有波浪纹一圈。碗壁锤揲出的连体花瓣纹和如意云头纹，透映在内外腹壁上。

这只鎏金双狮纹银碗是中西文化交融的又一件精美之作。碗中双狮的对称布局符合中国传统审美中均衡对称的要求，而双狮口中的折枝花和碗体装饰的连体花瓣纹及如意云头纹为典型的中国传统纹样。而狮子边缘的绳索纹、波浪纹构图采用的则是波斯萨珊王朝银器上常用的“徽章式纹样”，异域风格鲜明。

一觞一咏伴清流

鎏金蔓草花鸟纹银羽觞（两只）

推荐星级：★★★★☆

羽觞是战国时期出现的一种盛酒器具，一般外形椭圆，两侧有半月形双耳，因双耳像鸟的双翼，故名“羽觞”。这种酒具在汉代较为盛行，唐代的羽觞主要仿自汉代，唐以后这种器具逐渐退出历史舞台。

何家村窖藏出土的两只羽觞，造型、大小、纹饰基本一样。器外壁各饰一只鸿雁和一只鸳鸯分别站在莲座之上，器腹外壁两端各有莲座一个，分别站立着一对相对而立的鸳鸯和一对回首的鸿雁，其间饰以枝繁叶茂的折枝花。刻花处均采用鎏金工艺，整个器物金光灿灿，纹饰饱满富丽，具有典型的盛唐气象。

金银为器益华年

鎏金飞狮纹银盒

银盒由带子母口的盒盖和盒底组成。盒盖中部为波斯萨珊银器中常见的徽章式纹样，内有一带双翼的飞狮，徽章式图案外围则是由石榴花和宝相花相间组成的折枝花图案。盒底中心饰六朵缠枝花纹，周围饰六朵宝相花纹。因出土时银盒内有金沙痕迹，推测其应为储存炼丹药材的器具。

狮子图案最早出现在西方，春秋战国时期传入中国。因受西方影响，当时的狮子都有双翼，隋唐时期其形象才变成不带翼翅的造型，并替代了汉魏时期流行的天禄和辟邪。但是这件银盒上的狮子造型应该是吸收了萨珊艺术的风格，同时增加了龙或天禄和辟邪的某些特征。

四时花鸟不知忧

孔雀纹银方盒

这件方形盝（lù）顶的子母口银盒，除底部光素外，其余各面均有细密且对称的纹饰。盒正面一对振翅扬尾的孔雀口衔莲蓬，立于莲花座之上，空白处雕刻山石、花鸟、流云、萱草等纹饰，主次分明，动静有序。

孔雀又名越鸟，羽毛绚丽多彩，被视为珍禽，唐代时已被人工饲养，这件方盒的孔雀纹便是唐人生活风尚的体现。

有学者认为这件方盒是盛放舍利的器具，但也有学者根据其出土位置及唐房陵公主墓壁画《捧盒侍女图》中侍女所持的与这件形制相似的方盒推测，方盒应为日常生活器皿。

熏笼玉枕绣芙蓉

透雕五足三层银熏炉

推荐星级：★★★☆☆

这件熏炉形体高大，用料充足，整体有三层结构：上层是半圆形盖，镂刻三层如意云纹；中层束腰筒形的炉身上饰一周桃形忍冬纹；下层为圆盘状炉盘，有五个兽蹄形足，其间设置五根链条，使熏炉既可平放，也可悬挂。

熏炉也叫香炉，是熏香的器具。我国自古就有熏香的习俗。驱逐蚊蝇虫害、净化空气、熏衣被、祭神灵时，古人都要熏香。用熏炉在室内熏香至迟在战国时就已出现，汉代时开始广泛流行。随着丝绸之路的兴盛及域外香料的传入，唐宋时期，熏香更演变成为人们日常生活的一部分。特别是唐代国力强盛，加上佛教思想的影响，促使焚香之俗达到极盛。在唐代贵族日常生活中经常可以看到香烟缭绕的景象，香炉也顺理成章地成为生活必备用品。

繁华落尽马嘶鸣

鎏金舞马衔杯纹皮囊式银壶

推荐星级：★★★★★

这件银壶也被列入国家首批禁止出境展览的文物之一。它为什么也如此珍贵呢？

首先，壶身呈皮囊形。唐初期很多少数民族移居中原，他们常用这种皮囊盛水盛酒，此壶是唐代中原汉族与北方草原民族文化交流的物证。

其次，此壶的制作工艺独特。它的制作需先将一整块银板锤揲成壶的雏形，然后在腹壁由内向外锤揲出马的轮廓，再用錾刻技术加工出马鬃、马尾和颈部的丝带，最后将马通体鎏金。

最后，此壶最特别的是壶身上的舞马。中国传统马的形象，要么奔跑疾驰，要么昂首站立，而壶身上的舞马后腿曲坐，半蹲半坐，口衔银杯，似乎正要起身而舞。

唐玄宗在位时期在宫中驯养了好几百匹舞马，每逢过生日时，都要以舞马助兴。宴会上，舞马披金戴银，随着乐曲的伴奏，整齐划一地表演。当乐曲达到高潮时，舞马会跃到三层高的木板上旋转如飞，领头的舞马便衔起地上盛满酒的酒杯，到玄宗面前祝寿。这件银壶上的舞马正是当时舞马祝寿盛景的真实再现。

“安史之乱”爆发，玄宗携杨贵妃仓皇出逃，这些宫廷舞马散落民间。安禄山入京后掳掠了数十匹舞马带回老家，赠予他手下的大将。大将哪知这等风雅之事，误以为是战马。一天，军中宴乐，鼓乐声起，舞马应节起舞，大将见状误以为是妖孽，就将这批舞马鞭打致死。从此，不仅“舞马祝寿”从中国历史舞台上销声匿迹了，大唐王朝也因遭此战乱元气大伤，从此衰落，这件银壶即是大唐王朝兴衰的最好见证。

银盘呈桃形，盘中心捶揲出一只龟样纹饰，龟纹鎏金。在中国传统文化中，桃形与龟纹都与长寿有关，因此桃形与龟纹的结合就有双重祝寿之意。

龟在中国古代文化中与龙、凤、麒麟一起被称为四灵之一，而且龟最长寿，因此常被用来占卜吉凶或象征永恒。唐代时，武则天在天授元年（690）改鱼符为龟符，反映了她内心对长寿的渴望及长期紧握权力的野心。

有意思的是，我们现在所说的“金龟婿”也和武则天改鱼符有关。符是官员佩戴的身份证件，武则天改鱼符为龟符后，规定三品以上才可以用金作龟符，所以“金龟婿”指身份高贵的女婿，出自唐代诗人李商隐的“无端嫁得金龟婿，辜负香衾事早朝”的诗句。

长生殿里驻神龟

鎏金龟纹桃形银盘

日思夜想熊入梦

鎏金熊纹六曲银盘

这件银盘呈六瓣葵花形，盘内正中锤揲一只昂首嘶吼的熊，熊的细部以錾刻技法表现，整体鎏金。

熊在古代是勇猛和吉祥的象征。传说治水英雄大禹的父亲鲧（gǔn）死后化为黄熊，因此人们将其视为一种吉兆。西周时期人们认为梦见熊可以生男孩，所以后来才有了“熊梦”或“熊罴（pí）入梦”等祝人生子的吉祥语。在中国古代虽然熊的图像、雕塑出现得很早，但通常是作为猎杀的对象，很少用作器物上的装饰。这件盘子上的熊，不像中国传统器物装饰。

翰苑鹦鹉随人语

鎏金鹦鹉纹提梁银罐

推荐星级：★★★★★

罐整体钣金成型，平錾花纹，纹饰鎏金。罐腹用折枝花合围成四个圆形图案，其中两个以鹦鹉为中心，分饰于罐腹两面，另两个以鸳鸯为中心，分饰于罐腹两侧。

根据罐内部墨书及罐内发现的紫石英、白石英等炼丹原料，推测此罐应为盛放炼丹药物的器具。将储药罐用金银材质制作，是因为古人认为用金银器盛放丹药可以借“金银永固”的特性提高药效。

鹦鹉在唐代被称为“神鸟”，是地方和邻国向大唐王朝所献贡品之一。关于鹦鹉的轶事，流传最广的当数唐玄宗和杨贵妃的宠物“雪衣娘”的故事。据记载，唐朝开元年间岭南人向唐玄宗献了一只羽毛洁白的鹦鹉，深受唐玄宗和杨贵妃喜爱，赐名“雪衣娘”，还给鹦鹉教授诗词，教授数遍后此鹦鹉竟然可以吟诵。不仅如此，每当玄宗下棋处于下风时，只消贵妃轻唤，雪衣娘便飞入棋盘起舞，将棋局扰乱，从而使玄宗不至于输棋。完成使命的雪衣娘还会马上蹦到主人怀里蹭来蹭去，献媚邀功。如此聪明而又通晓人性的鹦鹉怎能不讨主人的喜欢呢？因此，达官贵人专用的金银器上大量出现鹦鹉形象也就不足为奇了。

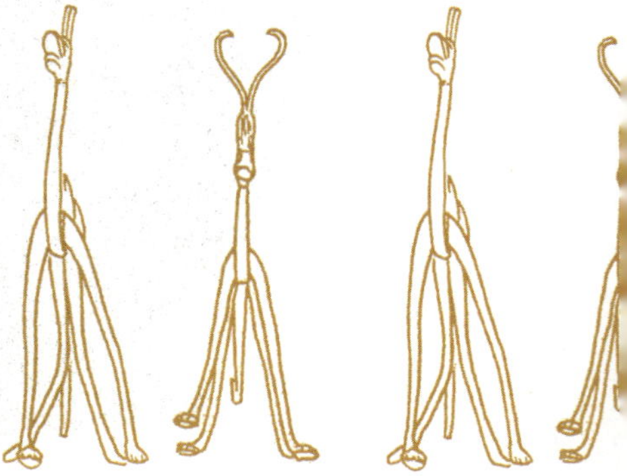

金龙疾走祈福祥

赤金走龙

推荐星级：★★★★★

何家村窑藏共出土了十二条金龙。金龙用纯金制成，体形虽小，但刻画精微，甚至连身上的鳞片都表现得一丝不苟。这些金龙应该是道教投龙仪式中所用的法器。

投龙致祭源于道教的天、地、水三官信仰。其一般方式是将写有愿望的文简和玉璧、金龙等一起捆扎，在举行完仪式之后，投入名山大川。金龙作为信使，将祷告人的愿望带给天、地、水三官。关于投龙活动的明确记载，可以追溯到南北朝时期，兴盛则在唐代。唐朝皇帝用投龙致祭来祈求江山永固及天下太平。

虽然龙的形象自古有之，但在唐代，龙还不完全是皇家专属。因此，唐代的龙纹与后世的皇家龙纹相比，更多了艺术上的美感而少了龙的威严、神秘和霸气。

至尊丹砂安魂魄

盛“大粒光明砂”银盒

古代很多皇帝都想长生不老，为了求得长生不老之术，他们请炼丹术士炼制仙丹。光明紫砂、大粒光明砂都是炼丹的主要原料。炼丹术士认为，将这些原料放入金银器皿中能提高和巩固药效。这个“大粒光明砂”银盒就是盛放炼丹原料的器具。

这件银盒通体光素，盒盖内外用墨书记录盒内所装物品及数量。比较特别的是，这个银盒内除装有大粒光明砂外，还装有白玛瑙铰具、30 枚金质“开元通宝”及 12 枚纯金钗钏。

何家村出土的炼丹药具有 40 多件，名贵药材 18 种，其中仅大粒光明砂就有 7 种。大粒光明砂，也称丹砂、朱砂，在炼丹术中被视为至尊之物，具有养神补气、安魂魄、明双目的作用。

天地之精蕴石英

“紫英”“白英”

紫英即紫石英，主要成分是氟化钙（CaF_2），该矿物来自火山岩浆，在岩浆冷却过程中得以形成。白英即白石英，有温肺肾、安心神、利小便的功效。古人认为紫英和白英都有“壮元气”“补不足”“久服轻身延年”的作用，在唐代它们都是用来制作道家丹药“五石散”或“三石更生散”的主要原料。

中国古代帝王从秦始皇起就开始沉迷炼丹，到唐朝更甚。唐朝 22 位皇帝（包括武则天）中，就有 15 位痴迷于炼丹，更有 5 位皇帝因服用丹药而亡，其中就包括唐太宗李世民。

炼丹术虽然没能让皇帝们长生不老，但是古人却阴差阳错地从中发明了豆腐和火药的制作方法，让我们一直骄傲到现在。

白银光素何所施

素面双耳提梁银锅

何家村窖藏共出土五件银锅，形制大同小异，均为圆底、深腹、捶揲成型，且经过精细的打磨，通体光素，光洁照人，没有明显的使用痕迹，极有可能是“新锅”。

根据出土的大量炼丹药物及古籍的相关记载，学者们判断这些锅可能都与炼丹有关。另外，唐代茶道盛行，饮茶前须煎煮，因此，银锅也可能用作烹茶之器。

这些锅究竟是用来炼丹还是煮茶做饭，我们不得而知，但可以肯定的是，这些用料考究的锅均是皇室贵族的生活器皿，代表了唐代极高的工艺水平。

银铛暖药为延年

素面长柄三足银铛

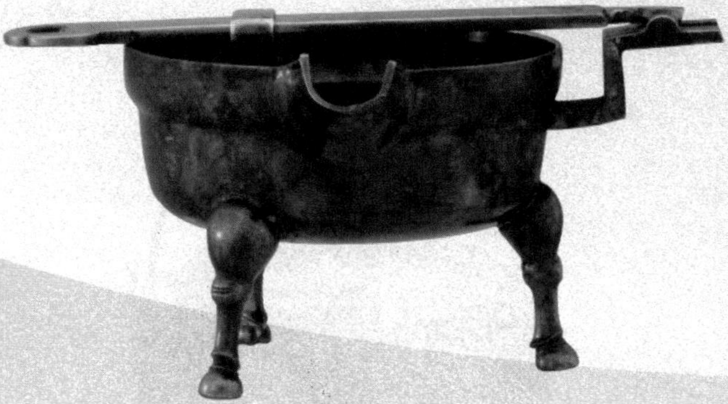

何家村窖藏出土三件银铛、一件金铛。这件银铛为敞口，口部边缘一侧有圆形短流，方便倒药，底部为三个兽蹄形足。最为奇妙的当属手柄的设计，长柄上装有机括，不用时能反折扣到铛上，且可以用滑动的锁扣固定，竟是一款极有创意的“折叠锅”。

带柄带足的铛一般作为温酒器、茶具及药具使用。结合何家村窖藏出土的大量药材和金、银、玛瑙等质地的药具看，这件铛也应该是暖药及熬药所用的器具。

这是目前发现的唐代唯一一件以莲花纹作为装饰的提梁壶。在佛教中，莲花寓意出淤泥而不染的高洁品质。唐朝莲瓣纹多用在碗、杯等器物上，且在莲瓣纹内还会饰缠枝纹、花鸟纹、禽兽纹并鎏金，从而使器物显得华丽富贵。而这件提梁罐与以往不同，没有在莲瓣纹内做任何装饰，整体素雅大方。

最为奇特的是，它不大的“肚腩”里竟然装满了各式器物，包括镶金兽首玛瑙杯、玛瑙长杯、玛瑙羽觞、水晶八曲长杯、凸纹玻璃杯、白玉忍冬纹八曲长杯、玉臂环，以及珊瑚、宝石等，与盖内墨书题记的数量、种类均完全吻合。

胸怀宝藏谁人晓

莲瓣纹提梁银罐

皇家金铫显富贵

素面金铫（diào）

这件圆口深腹的器物通体素面，器壁厚重，口沿处有一半圆形短流，金质长柄已残缺，只留下合页结构的顶端，套在金质的柄轴上。内底墨书三行八字，为“旧泾（jīng）用，十七两，暖药”。

墨书中的“旧泾用”意思是以前是一位名叫“泾”的人使用的。根据《旧唐书》中记载，泾应是唐肃宗的第七子李梃（tǐng）。所以，这件器物很可能是泾王曾经的用物。“十七两”是器物的重量，由此可见金银器严格的管理制度。“暖药”，说明此件器物为温药器具。

一掷千金喜事来

“开元通宝”金钱

何家村窖藏共出土钱币 39 种 466 枚，其中金“开元通宝”有 30 枚，这是目前全国考古发现中仅见的唐开元通宝。其背面光素无纹，正面为隶书“开元通宝”四字，出土时被放在“大粒光明砂”银盒

中，银盒上的墨书记载为“真黄钱”。后专家抽样发现其含金量为 81.6%—94.36%，成色各异。

铜制“开元通宝”是唐高祖武德四年（621）开铸的一种货币，也是流通时间最长的货币。但是何家村出土的这种金质的“开元通宝”，不是流通货币，而是用于宫廷赏赐、吉庆活动的“游戏币”。据文献记载，唐玄宗时期宴请王公百僚或者举行宫廷庆典时会进行“掷金钱”游戏，游戏使用的就是这种金钱。

唐代壁画珍品展

第五展厅平面示意图

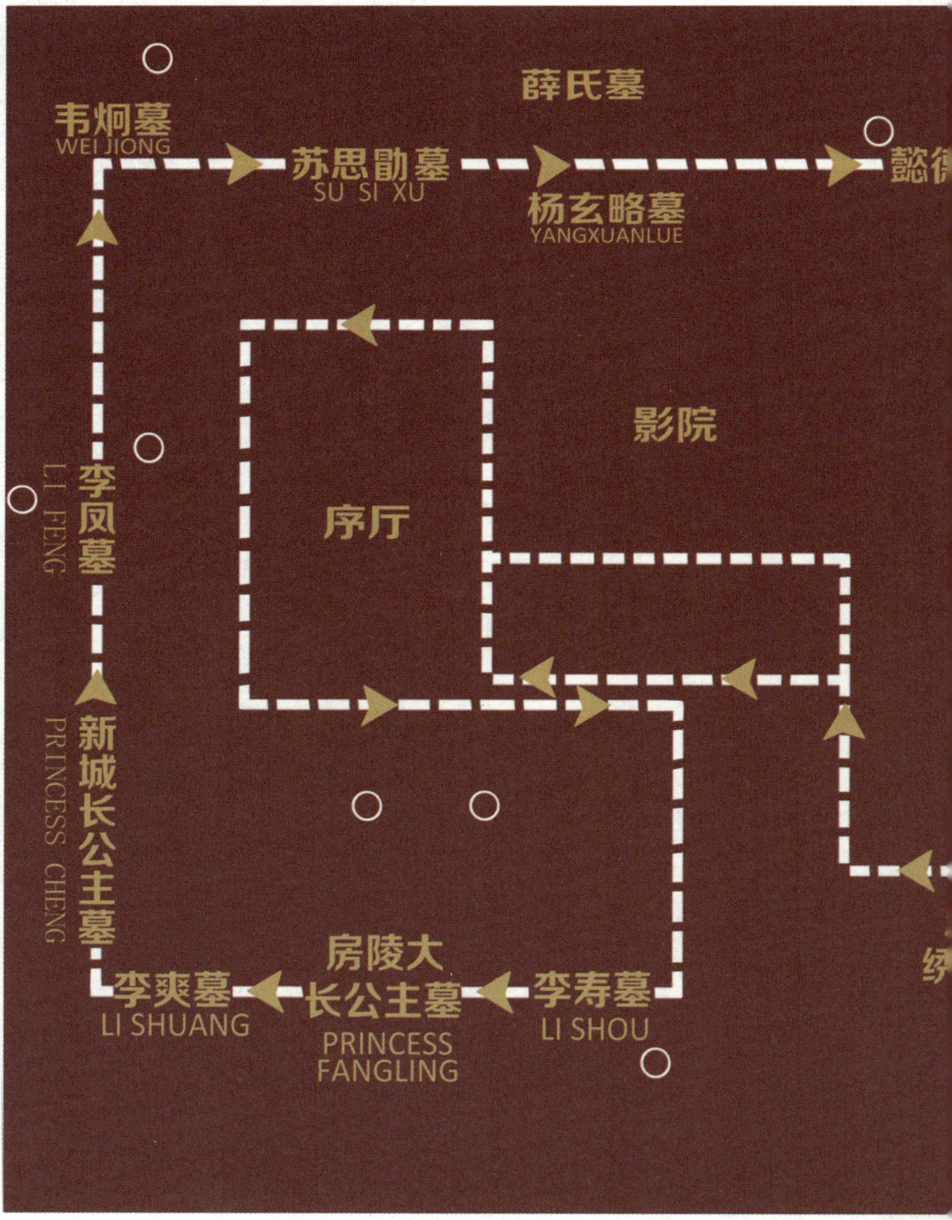

薛氏墓
韦炯墓
WEI JIONG
苏思勖墓
SU SI XU
杨玄略墓
YANGXUANLUE
懿德
影院
序厅
李凤墓
LI FENG
新城长公主墓
PRINCESS CHENG
李爽墓
LI SHUANG
房陵大长公主墓
PRINCESS FANGLING
李寿墓
LI SHOU

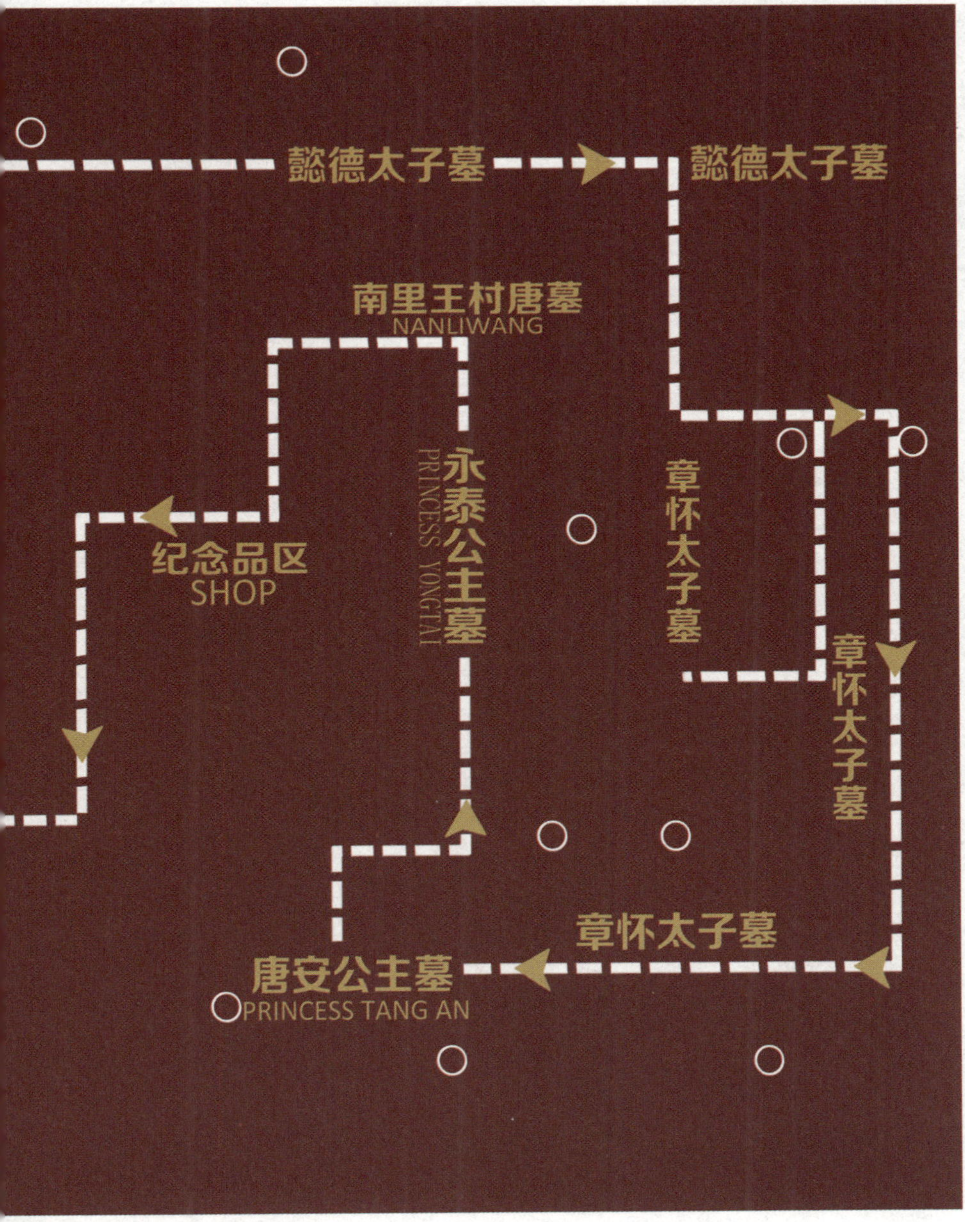

懿德太子墓
懿德太子墓
南里王村唐墓
NANLIWANG
永泰公主墓
PRINCESS YONGTAI
章怀太子墓
章怀太子墓
纪念品区
SHOP
章怀太子墓
唐安公主墓
PRINCESS TANG AN

壁画说

什么是壁画？

壁画，就是在墙壁上绘制的画，是人类最古老的绘画形式之一。

壁画始于岩画，新石器时代就已出现。文字发明以前，原始人类为了记录生活、表达愿望及进行巫术活动，在陡峭的崖面和狭窄的山道等位置刻画图案，即岩画，在我国山西、内蒙古、陕西、甘肃等多地均有发现。

壁画有多种分类方式，其中按所绘场所和用途可分为宫廷壁画、皇室壁画、石窟壁画和寺观壁画等。

中国壁画和陕西壁画

中国是世界上壁画最发达的国家之一，素有“壁画之国”的美称。从新石器时代一直到清代，都有用壁画装饰宫室和墓葬的传统。由于中国古代的宫室建筑都是土木结构，所以随着建筑的塌毁，宫室壁画也就荡然无存了。而各个时期的墓葬壁画却因存埋于地下被保留了下来，其中以汉代、唐代墓葬壁画发现最多。

中国古代墓葬壁画发展至唐代已臻于成熟。陕西作为唐王朝的都城所在地，皇亲国戚和官僚权贵的墓葬也因而位于唐长安城及其附近，这些墓里发现的壁画自然也代表着唐代壁画的最高水平。陕西历史博物馆是收藏唐墓壁画最为集中的一个博物馆，其所收藏的唐墓壁画数量之多、等级之高、保存状况之好、时间序列之完整，在全国乃至全世界都是绝无仅有的。

半个多世纪以来，这些出自唐代帝王贵族墓葬的壁画，被誉为“尘封的丹青”。作为形象化的视觉载体，唐墓壁画与闻名中外的唐诗相映生辉，共同见证着曾经的大唐气象。

唐代壁画主要来自哪里

唐代的墓葬壁画主要发现于陕西，见于渭河北岸、北山之南的帝陵及其陪葬墓，在渭河南岸的少陵原、杜陵原上的贵族墓中也有发现，这些墓的主人多为三品以上官员。

目前，陕西发现的唐代壁画墓有 140 余座，占全国唐代壁画墓总数大约 70%。这些壁画的题材内容包括：四神、星象、宗教、建筑、仪卫仪仗、农牧、外交、日常生活等。

陕西历史博物馆收藏的壁画有哪些

陕西历史博物馆收藏的唐墓壁画有 1000 多平方米，600 余幅，仅一级品就有 100 余幅，最著名的是乾陵三大陪葬墓（章怀太子、懿德太子、永泰公主）、韦氏家族墓、韩休墓的壁画。其中被列为国宝的有三件：章怀太子墓的《打马球图》、懿德太子墓的《阙楼 · 仪仗图》和永泰公主墓的《宫女图》。

壁画是如何从墓葬中来到博物馆里的

壁画揭取是一项极为烦琐精细的工作。在揭取壁画之前，考古工作人员要对壁画进行拍照、测量、编号、除尘、加固、分块等一系列准备工作。在揭取的过程中，受到壁画所处环境、所用材料等因素的影响，专家们还要“因画制宜”，选择不同的揭取手段。揭取工作完成后，还要对已揭取的壁画进行加固、保护、修复。

将壁画置于原址进行保护是最理想的方式，但由于涉及城市建设、环境损坏、保护成本等，揭取保护反而成为一种较为常用的保护手段。

博物馆在日常的保护性展示中，对展厅的光线、温湿度、空气质量和柜内微环境等都有极高的要求，以确保脆弱的壁画能得到最大程度的保护。

旌旗猎猎马朝天

骑马仪仗图

高 203—213 厘米，宽 618 厘米
陕西三原县陵前乡焦村李寿墓墓道西壁揭取
推荐星级：★★★★★

骑马仪仗图位于墓道东西两壁的下部，两壁所绘内容相同。画面可分为四组：第一组以三骑为前导。第二、三组各由十九骑组成，每组分四列，前后按一、二、八、八的数量排列；第四组由一马七人组成。此骑马仪仗图为西壁第三组之第三列的八骑人马。

图中骑士均戴黑色幞（fú）头，身穿白色或淡黄色圆领紧袖戎装，腰系黑带，足穿黑靴，左手勒缰，右手持四旒（liú）红旗。人物形态和面部表情各不相同，其中还有深目、高鼻、长髯的胡人形象。马的描绘和刻画极为生动传神，马具齐备，马种优良，是唐代的“宝马”骑兵。

众所周知，唐人非常喜欢马，马的饲养在唐代也备受重视。特别是唐太宗在建立唐朝和统一全国的过程中南征北战、驰骋疆场，与战马更是结下了深厚的感情，让人将陪伴过他的六匹战马的形象雕刻安置在他的陵墓前，这便是著名的“昭陵六骏”。

仪卫赫赫显尊荣

步行仪仗图

高 175 厘米，宽 197 厘米
陕西三原县陵前乡焦村李寿墓第一过洞西壁揭取

李寿墓过洞及天井处共绘有步行仪仗图十二幅，东西各六幅，每幅由八至十个人物组成，表现的是郡王级的仪仗。此图位于第一过洞西壁，图中共有八人，分三列，面向墓道口作行走状。

为了避免因画面构图、人物造型、衣着装束一致而产生的呆板，绘制时作者常常通过人物动作、神态的差异以及面部正、侧、背、转的变化，来使人物之间产生关联和呼应，从而增添了整个画面的动感和生机。

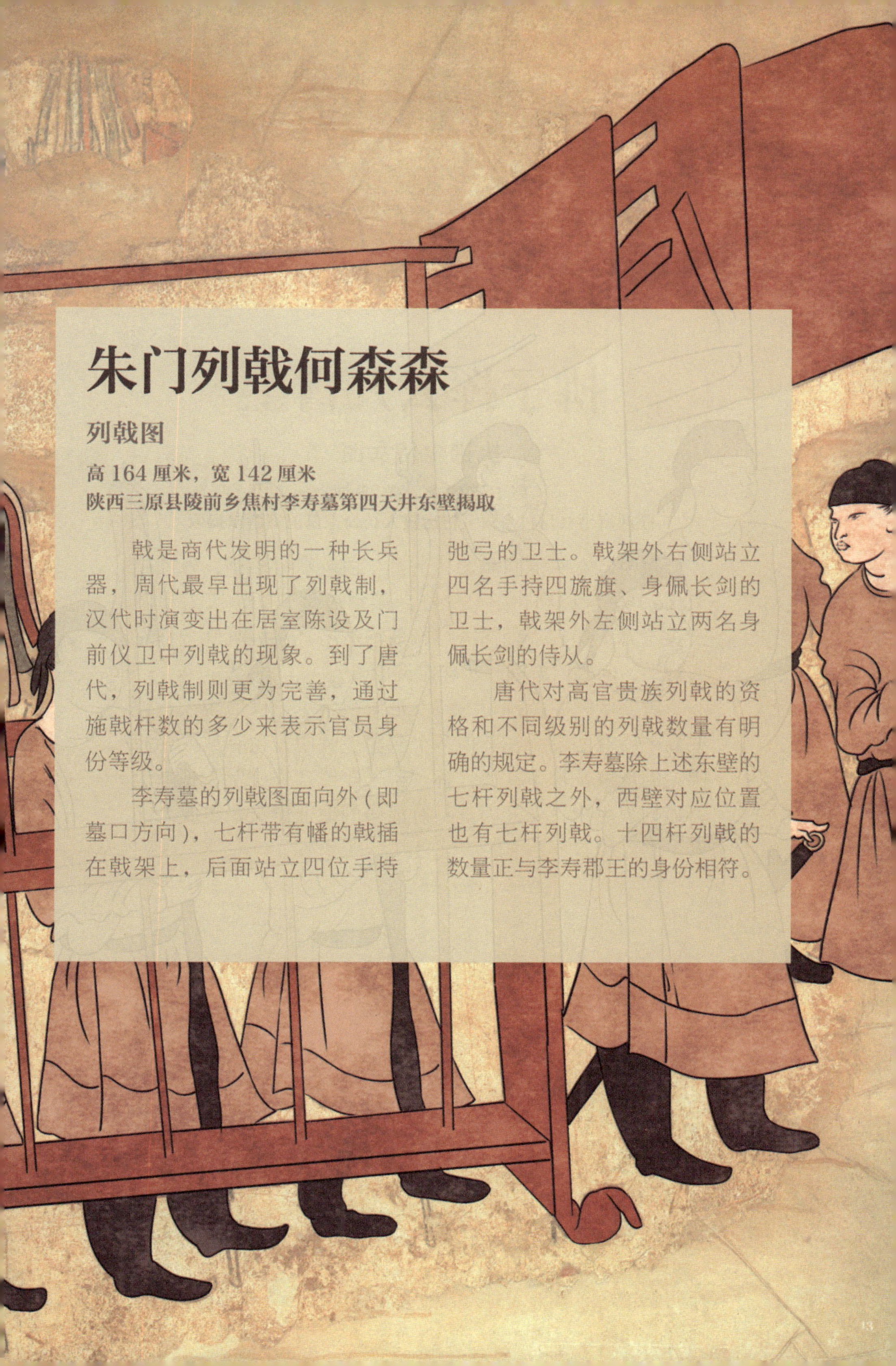

朱门列戟何森森

列戟图

高 164 厘米，宽 142 厘米
陕西三原县陵前乡焦村李寿墓第四天井东壁揭取

戟是商代发明的一种长兵器，周代最早出现了列戟制，汉代时演变出在居室陈设及门前仪卫中列戟的现象。到了唐代，列戟制则更为完善，通过施戟杆数的多少来表示官员身份等级。

李寿墓的列戟图面向外（即墓口方向），七杆带有幡的戟插在戟架上，后面站立四位手持弛弓的卫士。戟架外右侧站立四名手持四旒旗、身佩长剑的卫士，戟架外左侧站立两名身佩长剑的侍从。

唐代对高官贵族列戟的资格和不同级别的列戟数量有明确的规定。李寿墓除上述东壁的七杆列戟之外，西壁对应位置也有七杆列戟。十四杆列戟的数量正与李寿郡王的身份相符。

拂子挥去九霄尘

执拂尘侍女图

高 177 厘米，宽 75 厘米
陕西富平县吕村乡双宝村房陵大长公主墓前室西壁揭取

图中侍女头梳回鹘髻，上身穿白色窄袖短襦，外加赭（zhě）黄色披帛，下身穿红色条纹曳地长裙，脚着黑色云头履。侍女右手轻拈搭过胸前的披帛，左手执拂尘从左肩背举，向墓口方向趋步作奉迎状。

唐墓壁画中持拂尘的侍女形象很常见，仅房陵大长公主墓中就有两幅。在其他多个墓葬壁画中，也有数人手持拂尘的形象。拂尘在唐代称“拂子”或“蝇拂”，是掸尘驱蝇的卫生用具。又因其具有清净的象征意义，也成为文人、僧人和道士手中的清玩之具。

劝君更尽一杯酒

提壶持杯侍女图

高 182 厘米，宽 90 厘米
陕西富平县吕村乡双宝村房陵大长公主墓后室北壁揭取

此图中的侍女头梳回鹘髻，面形圆润，弯眉细目，嘴唇及面颊涂有鲜红的胭脂。右手提长颈鸭嘴壶，左手举高足杯，趋步上前作敬酒状。

与其他唐墓壁画侍女形象相比较，房陵大长公主墓所残留的 27 幅壁画中的侍女大多身躯长大，头与身的比例达 1:8，这是目前已发现唐墓壁画中头身比例最大的。这种比例的人物可以追溯到东晋顾恺之的《女史箴图》。

此墓壁画中的侍女丰硕伟岸，神情自信，再配上沉雄刚挺的线条，表现出一种特有的阳刚之美，在中国绘画史上甚为罕见。

小髻风骚数百年

捧盒侍女图

高 160 厘米，宽 78 厘米
陕西富平县吕村乡双宝村房陵大长公主墓后室东壁南侧揭取

侍女头梳回鹘髻，身穿黄色窄袖襦，外加红色披帛，下着紫色条纹裙，双手捧一蓝色盒子，作趋步相迎状。

回鹘髻来源于我国古代西北少数民族回鹘族，是唐代妇女最喜爱的发式之一。回鹘髻将头发挽于头顶，类似现代女孩子梳的丸子头，但样式更丰富，除了圆球形，还有桃形、卷筒形、禾苗形等。

目前所见最早的回鹘髻形象资料就是房陵公主墓壁画中的侍女，现存的 27 幅人物画中，有 17 人梳挽回鹘髻，比例之高实属罕见。估计这除与唐代本身盛行胡化风气外，恐怕也与房陵公主本人的生活经历有关。

侍女手中所捧的盒子，其实物在西安何家村唐代窖藏及陕西扶风县法门寺唐代地宫中都曾有出土，均为金银器。

玲珑环髻迎风立

托盘侍女图

高 171.5 厘米，宽 89 厘米
陕西西安雁塔区羊头镇村李爽墓墓室西壁揭取

此图中的侍女头绾双环髻，身着襦裙，双手托盘于左肩处，似正在款款前行。

双环髻是中国古代汉族女子发髻样式之一。最初流行于魏晋南北朝时期，多为妙龄少女的发型。现代古装影视剧里很多丫鬟的头型就是双环髻。不仅如此，中国十大传世名画《洛神赋图》中，洛神也留着双环髻。双环髻通常是将头发分成两股，用丝绦束成环形，高耸于头顶或两侧。

唐宋时期流行的双环高髻、双环望仙髻即以此发髻为原型发展而来，只不过发髻越梳越高。因为高髻能在视觉上提高女子的身材，使其显得更加窈窕和纤细。在没有高跟鞋的古代，把发髻绾高成为那时女子行之有效的美化自身的方式。

箫管悠悠上玉楼

男装吹箫侍女图

高 185 厘米，宽 91.5 厘米
陕西西安雁塔区羊头镇村李爽墓墓室东壁揭取

此图描绘了一个女扮男装的乐伎形象。她头戴黑色幞头，身着红色圆领袍服，下着绿色条纹波斯裤，裤口紧束，脚穿白色尖头便鞋，腰束蹀躞（dié xiè）带，上面挂着一个革制的、古人用以盛手巾等细物的鞶（pán）囊。她面容圆润，形象生动逼真，双臂抬至胸前，手持长箫作吹奏状。

唐代女性喜着男子装束。《礼记》中说“男女不通衣裳”，这是儒家强调礼制在服饰上的体现。然而，唐墓壁画中的许多女子形象皆是“装束似男儿”，说明当时社会对女子的要求很宽松，对性别规范也没有那么严格。

蹀躞带是胡服之腰间饰带，后传至中原。此带以皮革作成，上可挂经常要用的小物件，在墓葬壁画与陶俑中多处出现过蹀躞带的形象。

如此忙碌为哪般

侍女图（两幅）

高 150 厘米，宽 208 厘米
陕西礼泉县烟霞乡东坪村昭陵新城长公主墓第五过洞东壁揭取

这幅侍女图位于新城长公主墓第五过洞东壁，全长3.32米，高1.76米。赭红色绘出的四根廊柱将壁面分成了三个开间，每个开间绘出两位人物，每个人物的装束、动作均不相同。

两图位于南侧开间和中间开间。南侧开间的两位侍女，均作向北行走状，前面一位双手持扇，后面一位双手捧一黑色浅盘，盘中放置一枚红色莲花状物。中间开间的两位侍女，一位身着男装，双手捧一捆卷轴 ；另一位头梳单刀半翻髻，身穿袒胸窄袖白色襦衫、深青色束腰长裙，外套淡蓝色半臂，左手搭在男装侍女所捧的卷轴上。从二人面对面相视的表情来看，似乎正在商量着什么。

清风出入君怀袖

执扇侍女图

高 147 厘米，宽 124 厘米
陕西富平县吕村李凤墓甬道东壁揭取

图中两名侍女相背而行，一株初放的百合花点缀其间。右侧侍女衣衫轻薄，双手持长柄椭圆形扇子，目不斜视。左侧侍女头戴幞头，身穿翻领开胯胡袍，左手携衾裯（qīn chóu，即单被）夹于腋下，右手执扇。此图绘出春末夏初的某个夜晚，在一所贵族宅第中，侍女们正准备侍奉主人就寝的生动场面。

扇子，在中国有着非常久远的历史，但最早并不是用来扇风取凉的，而是一种礼仪用具，是统治阶级为了彰显自己的地位与特权而使用的。魏晋以后，由于清谈盛行，扇子又成为文人、贵族及僧、道手中的清玩之具，具有象征身份的作用。

胡舞樽（zūn）前应节急

乐舞图（三幅）

高 147 厘米，宽 410 厘米
陕西西安东郊经五路苏思勖（xù）墓甬道西壁揭取

乐舞图由三部分组成：中间为一舞蹈者，其左右两侧分别是一个五人乐队和一个六人乐队。乐队成员均着汉人衣冠，或站或坐在黄色氍毹（qú shū，即织有花纹图案的毛毯）上。每个乐队各有一人挥臂指挥，其余各人手持不同乐器伴奏。这些乐器中，不仅有琴、笙、排箫和拍板四种汉族乐器，还有箜篌（kōng hóu）、筚篥（bì lì）、琵琶、铜钹、横笛（又名“羌笛”）五种西域乐器。

中间的胡人舞者正在绿色氍毹上旋转起舞，其所跳之舞应该是来自西域的胡腾舞。这种舞主要由男子表演，速度很快，动作激烈，属于一种健舞。北朝时期传入中国，深受上层社会喜爱。

大唐盛世，音乐歌舞大行于天下。这幅乐舞图壁画表现的就是盛唐流行的以胡乐为基础而融合了汉族传统乐舞特点的胡部新声。这正是唐代各民族友好交往、和睦相处的生动例证，是不同文化艺术交流与融合的真实再现。

胡服朝臣为君忙

二人抬箱图

高 80 厘米，宽 125 厘米
陕西西安东郊经五路苏思勖墓甬道东壁揭取

苏思勖墓甬道东、西壁对称绘有一组两人抬箱图。图中两位男子身着两侧下摆开叉直至腰胯处的圆领缺胯袍衫，正步履匆匆前行。

因受胡服影响，唐代袍衫变化很大，原先褒衣宽袖变为了圆领窄袖，衣长也变短了，只到膝下或脚踝。为了便于行动，有的袍衫还在两胯下开“衩儿”，这种袍衫叫作“缺胯衫”或“开胯衫”，画中男子所穿的正是这种“缺胯衫”。《新唐书·车服志》中记载：“开胯者名开胯衫，庶人服之。”可见，袍衫一般是庶民或婢仆等下层人的服装。

不过，缺胯衫在唐代非常流行，皇帝也很喜欢穿，这在等级制度森严的封建社会是一个很大的突破和进步。

高楼登处对清辉

阙（què）楼图

高 304 厘米，宽 296 厘米
陕西乾县乾陵乡韩家堡村懿德太子墓墓道东壁揭取
推荐星级：★★★★★

阙，是两个对称的高台门楼，用来警示由此开始将进入一个“特殊区域”，多设在城市、宫殿、祠庙、宅第等前方。

阙有单阙、双阙和三出阙之分，其中三出阙等级最高，只有皇帝居住的宫殿或者葬身的陵墓才可使用。阙楼在唐墓壁画中不只此例，但都是单阙或双阙，唯有懿德太子墓中的阙楼图为三重子母阙，即由一座母阙、两座子阙组成。

懿德太子李重润是唐中宗的长子，也是唐中宗与韦皇后所生的唯一的儿子。大足元年（701），他

因对祖母武则天不满而被处死，时年仅 19 岁。705 年武则天病逝、李显重新即帝位后，追封李重润为懿德太子，将其灵柩从洛阳迁回乾陵东南隅处“以礼改葬”，并给予“号墓为陵”的最高礼遇。中宗此举除了为儿子李重润平反昭雪和表达哀怜悲痛之情外，也有通过修建陵墓发出打击武周势力政治信号的目的。

日高肃肃仪仗行

仪仗图

高 358 厘米，宽 673 厘米
陕西乾县乾陵乡韩家堡村懿德太子墓墓道东西两壁揭取
推荐星级：★★★★★

《仪仗图》分东、西两壁对称绘制，全图以山为背景，描绘的是即将出城的仪仗队，分为步行仪仗、骑马仪仗和车队等三部分，两幅共有 190 余人、60 多匹马和六驾马车。

图中的车为太子大朝时所用的辂（lù）车，车前排列着十几名侍臣，举着遮蔽风日的伞扇。其余士兵均着圆领长袍，戴黑幞头，腰配箭囊，穿黑靴，一副侍卫装束。所有人马造型、衣着、神态无一重复。他们目视前方，恭立迎驾，阵容威严，战旗迎风招展，场面宏大，再现了太子大朝时的情景。仪仗图虽人物众多，结构复杂，但整体布局井然有序，画面色彩也艳而不俗，体现了盛唐时期绘画技艺的高超水平，是唐代壁画中场面最大的盛世佳作。

殿堂烛熄夜沉沉

殿堂侍卫图

高 172 厘米，宽 248 厘米
陕西乾县乾陵乡杨家洼村章怀太子墓第四过洞东、西壁揭取
推荐星级：★★★★☆

这两幅殿堂侍卫图中侍卫的衣服、帽子各不相同。

东壁的这幅绘有三人：其中两人相向而坐，一人戴幞头，身着翻领长袍，头身右转，似在倾听；一人右手扶膝，左手上举，似乎在诉说着什么。两人北侧还有一年轻内侍，着圆领长袍，蹬黑靴，双手置于胸前，站在连廊内的通道口，似为殿堂侍卫与宫内的联络人员。

西壁的这幅也绘有三人：其中一人着圆领袍服，一人着翻领袍服，他们应是当值门吏。最右边的侍卫身着红袍，脚着黑色长靴，斜坐在

长廊边缘，似为承担联络的人员。

唐朝服饰体现了汉族与少数民族文化交融的特点。唐朝主要流行圆领袍服，翻领则是北方突厥人的服饰。除了服装借鉴胡服之外，更有很多胡人参与到唐代生活的方方面面，很多达官显贵家的侍从就是由胡人担任的，因此这些殿堂侍卫形象也对此多有表现。

莫嫌生处太卑微

侍女与侏儒图

高 168 厘米，宽 102 厘米
陕西乾县乾陵乡杨家洼村章怀太子墓前室南壁东侧揭取

图中绘有三人。右边一位是侏儒，神态滑稽，双手一高一低置于胸前，似在与身旁侍女比画着什么。中间一人为男装侍女，男装行动方便，因此当时十分流行女子着男装。左边侍女体态丰腴，雍容华贵。三人呈阶梯状排列，上方绘一展翅飞翔的黄鹂。这种用鸟补白的绘画形式在章怀太子墓中多处出现。整个画面色彩艳丽，体现了盛唐的繁荣气象。

侏儒为宫内弄人，专门表演滑稽动作供人取乐，早在先秦时期就已出现，汉代更是宫廷贵族取乐的玩物。唐代文献中有许多皇宫中豢（huàn）养侏儒的记载，壁画中侏儒形象的出现证实了文献记载之真实。

款款殷勤送花人

捧物侍女图

高 108 厘米 /118 厘米，宽 183 厘米 /168 厘米
陕西乾县乾陵乡杨家洼村章怀太子墓前甬道东壁揭取

捧物侍女图中总共有六位人物，引人注目的是图中托盆景的三位侍女。一位头戴幞头、身着圆领袍衫男服的侍女，手中托一圆盘，其中有树、花，间以玩石，显然是一树石盆景。一位头梳高髻、身着披帛长裙的侍女，手托花形盘，盘中为绿叶红花。还有一位手托莲花形盘，盘中是一株盛开的海棠花，为栽花盆景。盆景始于唐朝，是

宫廷御用的观赏珍品。章怀太子墓中盆景壁画的发现具有重要的历史价值。

《唐六典》卷十二中记载尚寝局设有司苑，掌园苑种植蔬果之事。图中侍女如是内宫里掌管园囿花卉的女官，其官品当在六至八品。

霹雳应手神珠驰

马球图（五幅）

高 225 厘米，通长 277.5 厘米
陕西乾县乾陵乡杨家洼村章怀太子墓墓道西壁揭取
推荐星级：★★★★★

壁画中有二十余骑马人物，均着深浅两色窄袖长袍，戴幞头，穿黑靴。场面上人物虽然不多，但竞争相当激烈，以前面五位骑手击球的场面最为精彩。其中，前一骑作反身击球状，其余纵马迎击，后十余人驱马追赶。骑手穿两种不同颜色的服饰，有双手

握杆作反身击球的，有扬起球杆准备击球的，有手握缰绳直奔马球的，有驰骋腾空的，亦有注目等候的。图中的空旷处点缀有五颗孤零零的古树，似在显示这不是一个正规的球场，而是在旅途休息时一时兴起的一场比赛。

马球源自波斯，后经西域传入中国。在唐代皇帝的倡导下，马球很快在唐代宫廷和贵族间盛行。之后，历经宋、金、元、明，至明末清初时逐渐退出中国的竞技舞台。

萧萧马鸣将军猎

狩猎出行图（四幅）

高 209 厘米，通长 277.5 厘米
陕西乾县乾陵乡杨家洼村章怀太子墓墓道东壁揭取

此图篇幅巨大，绘有人物 46 位，最前方是两名探路随从，两侧是执旗卫士，后面有两匹辎（zī）重骆驼。中间一组人马共六排，应是狩猎出行的皇室贵族及其随从。

第一排是一位身着青衣、体态雍容的男子，坐骑是披鬃（zōng）垂尾的白马，而且是一匹走马。走马是经过人为驯化的马，这种马走起路来顺拐，同侧的前后肢同时离地或着地，骑马者没有前颠后仰之苦。通常只有高级贵族才可骑这样的马，由此推测，骑马者可能代表的是墓主人章怀太子李贤本人。

图中其余的骑手皆头戴黑色幞头，有的还在幞头外系红色的抹额，或身穿翻领胡服，或穿圆领袍服，有的腰间系胡禄（箭筒），有的怀抱猎犬，有的臂架鹰、鹞，还有的马屁股上蹲坐着猎豹或猞猁（lì），形象地再现了唐代皇室贵族外出狩猎的场景。

章怀太子是唐高宗与武则天的

次子，唐太宗李世民的孙子，太平公主的哥哥。看上去，李贤生活在一个令人羡慕的帝王之家，然而，这也是他的不幸。论才华，李贤是唐朝皇子中的佼佼者，得到父亲高宗褒奖和群臣拥戴。可是，因被母后武则天猜忌，被废为庶人，先是被幽禁在长安，后又被流放到偏僻的四川巴州。到巴州不久后，又被逼自杀，年仅 29 岁。

武则天得知李贤死讯后，诏令恢复其爵位。李贤的四弟唐睿宗即位后，追加李贤的皇太子身份，谥“章怀”以追念。

万国衣冠拜冕旒（liú）

客使图

高 185 厘米，宽 242 厘米

陕西乾县乾陵乡杨家洼村章怀太子墓墓道东壁揭取

1971年，当考古学家擎着灯，第一次小心翼翼地进入章怀太子墓时，立刻被位于墓道中部东壁的一幅色彩绚丽的画作吸引。这幅壁画一人多高，画着真人大小的六位人物。为首的是三位中国人，穿着初唐时的朝服，头戴介帻（zé），手执笏（hù）板，相对围站在一起，似乎在讨论什么。后面三位看上去都是“老外”，个个“奇装异服”，毕恭毕敬地紧跟在身后。专家研究发现，画作描绘的是唐朝外交部——鸿胪寺的官员接待外国使节的场景，因此将这幅壁画称为《客使图》。

此图最引人注意的正是这三位使者，他们究竟来自何方？专家学者根据其容貌、服饰与文献记载综合研究，做出以下推断：为首那人叉手躬腰，秃顶浓眉，鹰钩鼻，身穿翻领紫红袍，大多认为是东罗马的使节。他左边的人，身穿宽袖大袍，头戴羽毛冠，被推测为来自新罗的使节。最后一人头戴皮帽，身着圆领大氅，皮裤皮靴，一般被认为是东北少数民族的使节。

残月帘栊梦长安

宫女图

高 177 厘米，宽 198 厘米
陕西乾县乾陵乡永泰公主墓前室西壁南铺揭取
推荐星级：★★★★★

此图绘有九人，为首者双臂环抱，梳着高高的发髻，从容地走在前面，像是宫女的领班。后面跟随着徐徐前行的一众宫女，有的梳半翻髻，有的梳螺髻或双螺髻，但衣着相似，均是短襦长裙，内搭紧袖衫，外披大帔巾，足蹬如意履。这些宫女姿态各异，各司其职，分别执盘、端盒、秉烛、执扇、端着高脚杯、举着拂尘、拿着如意等。根据宫女手中所持之物，并对照史书记载，学者们认为这些宫女应该属于宫廷里的女官和女史。虽然她们服侍的是宫廷贵人，但似乎并不紧张和严肃，而是神态自如，左右顾盼，显露出年轻少女活泼的天性。

即便宫女身份地位并不高，但因常年在宫中，言谈举止受过训练，个个也显得仪态万方。她们有的高雅华贵、不卑不亢；有的天真烂漫、无忧无虑；有的清新活泼、恬静矜持。这幅壁画从艺术水准上不仅是唐墓壁画的上乘之作，从历史价值上也为研究唐代宫廷生活提供了极为宝贵的形象资料。

春花春柳映红颜

树下仕女图（屏风六合）

高 160 厘米，宽 360 厘米
陕西西安长安区韦曲镇南里王村唐墓墓室西壁揭取

壁画的绘制一般是将麦草泥抹于土墙上，再抹一层厚度为 0.3—0.8 厘米的白灰泥。而该墓甬道东壁几乎没做白灰泥层，只在麦草泥上刷了一层白灰水，壁画直接绘在上面，麦草秆清晰可辨，墙壁制作十分粗糙，由此可见墓主人的身份不会太高。但是，这并不妨碍壁画的艺术水准。

此壁画中的六合屏风图总计六幅，幅与幅之间用宽约十厘米的红框相隔。六合屏风每幅的主人都是一位装束、形象相同的仕女，她有可能代表的就是墓主人。

图中仕女着襦衫长裙，体态丰满，在柳绿草青的明媚春光中，在男女侍从的陪伴下，漫步、小憩、赏花、抚琴……她身上有着富家女子的雍容，也有着寻常女子没有的寂寥。

壁画中的仕女形象体态丰腴，衣裙宽大，呈现出中晚唐时期的典型特点。

生字词注音释义

甑（zèng）：古代蒸饭的一种瓦器，底部有许多透蒸汽的孔格，置于鬲上蒸煮，如同现代的蒸锅：～尘釜鱼。

鬲（lì）：古代炊具，样子像鼎，足部中空。

釜（fǔ）：古代的炊具，相当于现在的锅。

欹（qī）：1. 倾斜，歪向一边：～侧，～倾。2. 容貌憔悴。3. 通“倚”，斜倚，斜靠。4. 古同“攲”：“吾闻宥坐之器者，虚则～。”原是一盛水的器物。

璀璨（cuǐ càn）：形容珠玉等光彩鲜明，非常绚丽；也用于人或事物。

饕餮（tāo tiè）：古代中国神话传说中的一种神秘怪物，古书《山海经·北次二经》介绍其特点是：其状如羊身人面，眼在腋下，虎齿人手。1. 传说中的一种凶恶贪食的野兽，古代鼎彝等铜器上面常用它的头部形状作装饰，叫作饕餮纹。2. 比喻凶恶贪婪的人。3. 比喻贪吃的人。

斝（jiǎ）：古代青铜制的酒器，圆口，三足，用以温酒，盛行于商代和西周初期。

觚（gū）：古代酒器，青铜制，盛行于中国商代和西周初期，喇叭形口，细腰，高圈足。

挹（yì）：1. 舀，把液体盛出来：挹取，挹彼注兹，挹注（喻从有余的地方取出来，以补不足）。2. 拉。3. 古同“抑”，抑制，谦退。4. 古同“揖”，作揖。

钺（yuè）：古代兵器，青铜制，像斧，比斧大，圆刃可砍劈，商代及西周盛行。又有玉石制的，供礼仪、殡葬用。

铖（chéng）：本义是纯金属（如纯金、纯银、纯铜、纯铁等），引申义为纯铜或纯铁制造的仪仗兵器。

夔（kuí）：古代神兽，形状似牛，全身都是青色的，没长角，只有一只脚，每次出现都会有狂风暴雨。它的身上还闪耀着光芒，似日光和月光，吼声和雷声一样震耳欲聋。

瓿（bù）：古代的一种小瓮，青铜或陶制，用以盛酒或水，亦用于盛酱。圆口，深腹，圈足。

绥（suí）：安抚：~抚，~远，~集（安抚和笼络），~靖（安抚使平静），此处为县名。

堧（yān）：两山之间的山地，用于地名，书中也是地名。

饪（rèn）：1. 烹煮，做饭做菜。2. 指寝食。 3. 烹调。

祀（sì）：本义是指永久祭祀，后泛指祭祀：祭~， ~天， ~祖。

鼓（hú）：同“胡”。

甬（yǒng）钟：周代青铜乐器，属打击类乐器，合瓦形结构，因最上面的平面“舞部”之上立有“甬柱”而区别于舞部上立有悬钮的钮钟而得名。

镈（bó）钟：“尃”意为“展示花样”。“金”与“尃”联合起来表示“铸刻有花纹图案的钟”。一般的铜钟器身外表光滑，没有任何纹样。

角（jué）：1. 竞赛：~斗。2. 角色：名~儿，主~儿。3. 古代盛酒的器物。4. 古代五音（宫、商、角、徵、羽）之一，相当于简谱的“3”。

觯（zhì）：古代饮酒用的器皿，青铜制。形似尊而小，或有盖。礼器，酒器。

藜（lí）：中药名。多年生草本植物，叶细长，花紫黑色，有毒，可入药。

菽（shū）：像豆类生长的样子，为豆类的总称。~水（泛指粗茶淡饭，用以指对父母的奉养，如~~承欢），~麦，~粟。

甗（yǎn）：古代蒸煮用的炊具，上下两层，中间有箅子，陶制或青铜制。

卣（yǒu）：古代一种盛酒的器具，口小腹大，有盖和提梁。

猃狁（xiǎn yǔn）：古代部落名，又叫犬戎，居住于今陕甘一带，都城位于今甘肃省静宁县威戎镇 。

柞（zhà）：多音字，读 zhà 时，表水名；读 zuò 时，表柞木，大风子科，常绿灌木或小乔木，木质坚硬，可制家具，叶可入药，可作观赏树。

宴飨（xiǎng）：1. 亦作“宴享”，古代帝王饮宴群臣、国宾。2. 指设宴飨客。3. 谓鬼神受享祭祀的酒食。 4. 以酒食款待宾客。

姞（jí）：谨慎，也作人物的姓氏：“上古十二姓”之一。

盥（guàn）：1. 洗（手、脸）：~洗。2. 洗手洗脸用的器皿。

匜（yí）：古代盥洗时用来注水的器具。

劓（yì）：古代割掉鼻子的一种酷刑。

稽：1. 读 jī，表示查核：～考，～查，无～之谈。2. 读 qǐ，古代跪下叩头到地的一种礼节：～首。3. 姓。4. 地名：会～山。

郢（yǐng）：春秋战国时期楚国的都城的代称，类似于“京”，位于湖北省荆州北面离城 8 公里（一说 5 公里）的纪南城。

罍（léi）：古代一种盛酒的器具，形状像壶。

盉（hé）：古代酒器，用青铜制成，多为圆口，腹部较大，三足或四足，用以温酒或调和酒水的浓淡。

蠡（lí）：以瓢为饮器。

彝（yí）：1. 古代盛酒的器具，也泛指祭器：～器，鼎～。2. 法度，常规：～准。3. 彝族。

簋（guǐ）：是古代中国用于盛放煮熟饭食的器皿，也用作礼器，圆口，双耳。流行于商朝至东周，是中国青铜器时代标志性青铜器具之一。

觥（gōng）：古代用兽角等做的酒器：～筹交错。

盂（yú）：是中国古代一种盛液体的器皿；另与姓氏孟姓同出一源，发祥地有两个，即今河南北部和山东东南部。

镬（huò）：古代煮牲肉的大型烹饪铜器之一。古时指无足的鼎。今南方称锅子叫镬，有三个足架空，下可以燃火。

瓠（hù）：1. 一年生草本植物，茎蔓生，夏天开白花，果实长圆形，嫩时可食。2. 这种植物的果实。

跽（jì）坐：两膝着地，小腿贴地，臀部坐在小腿及脚跟上。

厩（jiù）：本意是指马圈、马棚，引申义是牲口棚。

锺（zhōng）：钟的繁体字。

杅（yú）：指浴盆、盛浆汤等的器皿。1. 浴盆。2. 同盂，盛浆汤等的器皿。

缶（fǒu）：古代一种大肚子小口的盛酒瓦器。

蟠（pán）：屈曲，环绕，盘伏：～蜿，～萦，～结，～踞（亦作“蟠据”），～道，～龙，～螭纹。

虺（huǐ）：古代传说中的一种毒蛇。

鍪（móu）：1. 是指古代打仗时戴的头盔，兜～。2. 指古代的一种炊具，作用相当于锅，青铜制或铁制，侈口束颈，口有唇缘，鼓腹圆底，流行于战国并沿用至汉代早期。

裲（liǎng）：坎肩儿、背心儿的古称，如“前行看后行，齐著铁~裆”。

盝（lù）：古代小型妆具。1. 过滤：清其灰而~之。2. 干涸，竭。3. 古同簏，竹箱或小匣。4. 下滴。

碓（duì）：木石做成的捣米器具：~房。

舂（chōng）：把东西放在石臼或钵里捣掉皮壳或捣碎：~米，~药。

獬豸（xiè zhì）：中国古代神话传说中的神兽，体形大者如牛，小者如羊，类似麒麟，全身长着浓密黝黑的毛，双目明亮有神，额上通常长一角。

帔（pèi）：古代披在肩背上的服饰：凤冠霞~。

髻（jì）：盘在头顶或脑后的发结：~丫，~鬟，发~。

旆（pèi）：本意特指镶在旐（zhào，龟蛇为旐）旗边幅的旗饰，后泛指旌旗。

鬃（zōng）：马、猪等畜类颈上的长毛：~毛，~帚，~刷，红~烈马。

萸（yú）：1. 落叶小乔木，结长椭圆形核果，红色，味酸，可入药。通称山茱萸。2. 落叶乔木，果实红色，可入药。

捶揲（dié）：锤揲法又称为“打作法”或“槌揲法”。这种方法是利用金银质地较柔软、延展性强的特点，将金银捶打出各种形状。

羯（jié）：公羊，特指骟过的：~羊，摩~。

囊（náng）：读 náng 时，1. 袋子，如探~取物，~空如洗。2. 像袋子一样的东西，如胆~，胶~。3. 姓。读 nāng 时，1. 指猪的腹部肥而松软的肉，如~膪（chuài）。2. 虚弱、懦弱：~揣。

马嵬（wéi）坡：天宝十四年（755），安禄山以诛奸相杨国忠为借口突然起兵，唐玄宗入蜀避难。途中为平息士卒怨气，唐玄宗被逼无奈，赐杨贵妃自缢，史称“马嵬之变”。

幂篱（mì lí）：古代少数民族的一种头巾，可以遮盖头部，在脸部开一椭圆形的孔，只露出面部。幂篱与帷帽都是女子外出遮蔽容颜的帽饰，盛行于唐代。

幞（fú）头：古代中国男子用的一种头巾。

钏（chuàn）：来源于镯，传统腕饰，流行于全国各地。其多用金、银、玉等制圆环，束于臂腕间。汉代即有。几个手镯合并在一起，名为“钏”。

懿（yì）：1. 本义为美好，又引申为深貌、大貌。2. 又用为动词，指赞美、称颂。

绡（xiāo）：1. 生丝。2. 生丝织物：～头（古代束发的头巾）。红绡指红色薄绸，多用于歌舞妓名。

鬟（huán）：是古代中国未婚女子的一种环形发式，即在头上或额旁梳成环形髻，其式有高低、长短、大小等多种。

俳（pái）优：指古代以乐舞谐戏为业的艺人。

抵（dǐ）：本义是用手掌顶住、用力对撑着 。引申义为代替、矛盾、到达。

隘（ài）：险要的地方：～口，要～，关～，险～。

衢（qú）：大路，四通八达的道路：通～。

蹙（cù）：1. 紧迫：穷～。2. 皱，收缩：～眉。3. 局促不安：～～。一般用于形容女子的眉毛皱起来的样子。

玳（dài）：海中像大龟的爬行动物，甲壳黄褐色，有黑斑，很光滑，可作装饰品，或入药。

拜谒（yè）：1. 指拜访，谒见，拜见。2. 指参拜，瞻仰。

銙（kuǎ）：古代附于腰带上的装饰品，用金、银、铁、犀角等制成。

钿（diàn)：1. 把金属宝石等镶嵌在器物上作装饰：宝～，螺～，金～，翠～。2. 古代一种嵌金花的首饰。

錾（zhì）：小车耳钩，指器物系绳之处。

鲧（gǔn）：1. 古书上说的一种大鱼。2. 中国先秦时期的历史人物，大禹的父亲。

罴（pí）：熊的一种，即棕熊，又叫马熊，毛棕褐色，能爬树，会游泳。棕熊是陆地上体形第二大的食肉动物，在夏季进食之后，体重会增加一倍，成年棕熊可达 600 公斤，最大可以达到 800 公斤。属于国家二级保护动物。

铫（diào)：一种金属制的出远门可随身带着的小锅，后引申为一种带柄、有嘴，煮开水和熬东西用的器具：沙～，药～儿，茶～。

泾（jīng）：水名，发源于中国甘肃省，注入陕西省渭水：～河。

梃（tíng）：棍棒。

旒（liú）：古代旌旗下边或边缘上悬垂的装饰品：旌旗垂～。

赭（zhě)：红褐色：～石，～衣（古代罪人穿的赤褐色的衣服，借指罪人）。

鞶（pán）：古人佩玉的皮带：～厉游缨。

氍毹（qú shū）：毛织的地毯。古代演戏多在地上铺地毯，所以又指舞台。

箜篌（kōng hóu）：我国古代传统弹弦乐器，又称拨弦乐器。最初称“坎侯”或“空侯”，在古代除宫廷乐使用外，在民间也流传。

筚篥（bì lì）：也称管子，是双簧管乐器，多用于军中和民间音乐。流行于我国各地，为汉族、维吾尔族、朝鲜族等多民族所喜爱。

勖（xù）：古同勉励：~勉。

阙：多音字，读 què 时，1. 是姓氏；2. 代表宫阙、城阙。读 jué 时有去除、挖掘、毁伤的意思。

辂（lù）车：天子的乘车。

豢（huàn）养：意思是喂养（牲畜），比喻收买并利用。

辎（zī）重：行军时由运输部队携带的军械、粮草、被服等物资。后扩展用于社会方面。

猞猁（lì）：猫科动物，行踪不定，动作敏捷，捕猎技巧高超。

介帻（zé）：指顶端隆起，造型似夹角的屋顶的裹发巾，流行于汉魏，后来称为“进贤冠”。

笏（hù）板：又称手板、玉板或朝板。是古代臣下上殿面君时的用具。古代文武大臣朝见君王时，双手执笏以记录君命或旨意，亦可以将要对君王上奏的话记在笏板上，以防止遗忘。

参考文献

[1] 陕西省地方志编撰委员会 . 陕西省志・文物志 [M]. 西安：陕西人民出版社，2016.

[2] 冀东山 . 神韵与辉煌——陕西历史博物馆国宝鉴赏：玉杂器卷、唐墓壁画卷、金银器卷、陶瓷器卷、陶俑卷、青铜器卷 [M]. 西安：三秦出版社，2006.

[3] 孙机 . 汉代物质文化资料图说 [M]. 上海：上海古籍出版社，2011.

[4] 齐东方，申秦雁 . 花舞大唐春——何家村遗宝精粹 [M]. 北京：文物出版社，2003.

[5] 成建正 . 唐墓壁画臻品 [M]. 西安：三秦出版社，2011.

[6] 王炜林 . 陕西古代文明 [M]. 西安：陕西师范大学出版总社，2019.

[7] 庞雅妮 . 盛世文化的半壁江山：陕西历史博物馆 [M]. 西安：西安出版社，2018.